Ahuapan Combat Eskrima

Ahuapan Combat Eskrima

Art Martial Philippin

Volume 1

Greg Silhol

Thomas Roussel

—HAGANE—

Toucher le sol, en général on s'en remet
On en renaît pas toujours plus fort, mais on fait l'effort
Faut maintenir la soif, celle du lendemain
Y'a pas de mais, à nouveau se relever sinon c'est mort

Combien de fois on s'est dit, ça y est ce coup-là c'est fini ?
Ces jours où il y avait plus de force ou plus d'envie
Mais je crois que c'est écrit dans nos gènes, comme respirer
On se remettra toujours en selle, prêts à transpirer

IAM, "Bien plus Beau"

À Léa et Anthony

Ce livre, aussi, en mémoire de notre frère d'armes Laurent Gutierrez…

Sommaire

Avant-Propos

Comme d'innombrables autres artistes martiaux, et une quantité d'autres adolescents des années 80, j'ai grandi à une époque fortement marquée par l'image de Bruce Lee, acteur au look athlétique et au cri aussi identifiable que celui de Tarzan (autre figure emblématique du moment). Étonnamment, ce n'est que très tardivement que j'ai découvert mon premier film de Bruce Lee... *La Fureur du Dragon*, me semble-t-il. Jusque là, quelques extraits, une célèbre affiche et les imitations de certains amis tentant de manipuler avec agilité un nunchaku avaient suffit à en faire pour moi une légende...

Fasciné par l'image des arts martiaux, je n'arrivais pourtant pas à me motiver pour débuter (et l'on se trouve dans ces cas là toutes sortes d'excuses). Un cours d'essai de Judo dans une Maison pour tous à Marseille, puis quelques mois en Karaté Shotokan à l'université à Montpellier, furent mes deux incursions dans ce domaine avant d'avoir trente ans. Je m'estimais alors une cause perdue pour le monde des Arts Martiaux (qui n'en ferait certainement pas un drame...). C'était sans compter sur la persévérance de mon entourage (en l'occurrence mon épouse et mon ami Anthony), qui fomenta un réel complot pour m'inscrire dans un club — et il fallait au moins cela pour vaincre mon « je suis trop vieux pour ces conneries ».

Me voilà donc en tenue, pantalon noir et t-shirt blanc, pour mon premier cours de Wing Tsun Kung Fu, système Leung Ting... toujours dans l'ombre de Bruce Lee, qui avait en son temps pratiqué le Wing Chun à Hong Kong dans l'école du maintenant célèbre grand maître Ip Man. Mon professeur d'alors ne m'était pas inconnu puisque nous nous étions rencontrés, et avions sympathisé, dans un autre contexte. Il reste aujourd'hui encore l'enseignant sous la direction duquel je continue ma progression et ma découverte de cet art martial chinois : Sifu Fabrice, responsable des écoles de Wing Shun en France. J'étais donc enfin sur les traces du 'Petit Dragon', et peut-être plus encore que je le croyais.

On peut débattre des réelles qualités martiales de Bruce Lee. N'était-il finalement qu'un 'bon' acteur de films d'actions ? Eh bien, je ne l'ai jamais rencontré, je n'ai jamais échangé avec lui... mais il était à mon avis suffisamment les deux, un artiste martial et un artiste cinématographique, pour marquer encore durablement les esprits et maintenir tant sa légende que son empreinte dans les arts martiaux plusieurs décennies après sa disparition. Il était indéniablement un génie, un visionnaire, qui avait intégré les Arts Martiaux Philippins à l'enseignement de son propre style, le Jeet Kune Do, à la faveur de son amitié et de son travail avec l'un de ses élèves, Dan Inosanto. Et l'on retrouvait cette influence dans les écoles de Wing Tsun européennes qui proposaient 'tout naturellement' (comme une évidence), l'enseignement de l'Escrima Latosa, style développé par René Latosa, qui fut un temps élève d'Angel Cabales, fondateur du Serrada Escrima.

En intégrant l'école de Sifu Fabrice, ce n'est donc pas un art martial dont j'entamais pour ma trentaine la pratique, mais deux. D'un côté une forme de Kung Fu basée sur l'homme (par comparaison avec d'autres styles aux formes animales), rapide, efficace, dont l'apprentissage commence par un travail pieds/poings puis les armes dans sa forme avancée. Et de l'autre, l'art des guerriers des archipels du Sud Est Asiatique, où l'on commence par les armes pour n'aborder que plus tard les techniques à mains nues. Deux arts différents, qui se retrouvent sur de nombreux principes, comme la ligne centrale, le relâchement musculaire, le triangle, la fluidité des techniques enchaînées… 'Be water my friend'…

Je dois à internet, ma rencontre plus tardive avec Guro Thomas Roussel. Parcourant les forums par curiosité, j'avais commencé à me faire une idée des professeurs intéressants et des autres styles enseignés dans l'hexagone. Son nom revenait plusieurs fois. Mais je ne m'attendais pas à entrer aussi rapidement en contact avec lui. Je ne sus pas d'ailleurs au début qu'il était mon interlocuteur, sous pseudonyme, lorsqu'il répondit à mon interrogation sur les bâtons d'Escrima en polypropylène proposés par la célèbre marque de couteaux Cold Steel. Et quand il m'invita à venir à Lyon pour participer à un stage qu'il organisait dans son école, je n'avais toujours pas réalisé qu'il n'était autre que ce Thomas Roussel là, l'un des rares experts du Kali

Eskrima en France, et le seul à avoir été sacré triple champion d'Europe puis champion du monde au Royaume Uni, dans sa forme sportive. J'aurais l'occasion par la suite de rencontrer et sympathiser avec certains des autres membres de ce club fermé des experts français des AMP, tels Fabien Jolivel, Stéphane Pourre ou Michel Rozzi. Mais je dois admettre que ma rencontre avec Thomas reste l'une de celle qui marque une vie, comme ce fut le cas plus tôt pour ma rencontre avec Fabrice. Je m'estime chanceux de toutes les bienheureuses et enrichissantes amitiés que j'ai pu nouer, et que je noue encore, au gré de ma pratique (et elles sont nombreuses). Mais je suis plus chanceux encore d'avoir trouvé sur ma voie non pas un, mais deux professeurs et amis.

De ce stage 'combat sportif' à Lyon, ma première expérience avec l'aspect 'compétitif' du Kali Eskrima, je suis ressorti couvert de bleus, ravi et conquis par la pédagogie, la générosité et l'efficacité de Guro Thomas. Il suffira d'une seconde rencontre quelques mois plus tard sur une place ensoleillée de Montpellier, suivie d'un repas qui devait s'éterniser en discussions jusqu'à l'aube, pour que naissent notre amitié et notre collaboration. Je devins dès lors un élève de l'école Ahuapan Combat Eskrima. Et comme je ne pouvais suivre les cours de la salle rue de l'Epée (ça ne s'invente pas) à Lyon, je m'empressai d'organiser la venue de Guro Thomas Roussel à Montpellier aussi souvent que possible. Sur les solides bases que mon apprentissage du Latosa Escrima avait construites, je découvrais alors, avec l'Ahuapan, la variété et la subtilité des Arts Martiaux Philippins, développant mon flow et m'enrichissant du Doble Baston, des désarmements, du couteau, du Panantukan ou encore de l'Espada y Daga… Et chaque stage, chaque master class ou cours privé, était l'occasion de noircir mes carnets de notes.

C'est le fruit de ces dizaines de carnets, et de mes réflexions sur l'enseignement et la transmission du style développé par Punong Guro Thomas Roussel, que je vous propose de découvrir dans cet ouvrage ; ou du moins une première partie car il faudra sans doute deux ou trois volumes pour couvrir une présentation de l'ensemble de cet enseignement. Des livres ou des vidéos ne remplaceront jamais un professeur, ou plus simplement la pratique. Mais il peuvent être de solides aide-mémoire ou vecteurs de découverte. Voilà ma seule prétention ici, participer à faire partager les AMP, à travers le style que je connais le mieux, et fournir aux pratiquants et instructeurs un ouvrage auquel ils peuvent se référer.

Mabuhay, vivez bien…

Guro Greg Silhol, Montpellier 2017.

Ahuapan Combat Eskrima

La pratique des arts martiaux, quelle qu'en soit l'origine géographique, est en essence un cheminement, personnel et individuel à certains égards, mais pas solitaire...

Certains pratiquants iront d'un bon pas, d'autres prendront leur temps, marqueront parfois une pause ou emprunteront quelques chemins de traverse... Ce qui est important à mon sens est d'effectuer ce parcours en pleine conscience, afin de profiter du paysage et de s'enrichir des expériences vécues chemin faisant...

Et tout du long, on est amené à faire des rencontres... Certaines pour nous guider, nous indiquer la direction à prendre ou celle à éviter, d'autres pour 'marcher' un temps à nos côtés... L'ouvrage que vous allez découvrir est justement le fruit d'une de ces rencontres — je ne reviendrai pas sur les circonstances, que Greg a déjà précisées — et des expériences communes partagées en faisant route ensemble.

J'ai eu la chance, jadis, de faire moi aussi certaines rencontres inspirantes en empruntant la Voie martiale, que je parcours à mon rythme depuis maintenant plus de trois décennies. Parmi celles-ci, certaines ont su m'orienter vers des directions dont je ne soupçonnais pas l'existence, d'autres ont été, ou sont encore, des compagnons de route... et la rudesse de la progression nous aura permis de forger des amitiés d'une solidité indéfectible.

Mon premier guide sur cette route de vie fût un sensei de Karaté, Georges Vallecchia, auprès duquel j'ai appris à bouger. J'ai également commencé à entrevoir le potentiel de développement personnel que l'on pouvait obtenir par un entraînement appliqué à une discipline martiale. Et surtout, puisqu'il était d'une grande ouverture d'esprit — je le souligne ici car ce n'était pas la norme dans le milieu du Karaté dans les années 80 dans la région niçoise — j'ai eu la bonne fortune de rencontrer un autre sensei. Il enseignait des disciplines que je ne connaissais pas, si ce n'est que l'une était le style de Bruce Lee, le Jeet Kune Do et le Kali Eskrima. Didier Trinocque était l'un des premiers français à avoir eu l'opportunité d'étudier ces arts de combat.

Je dois avouer que dès le départ le Jeet Kune Do m'a littéralement subjugué par la richesse des possibilités que cet art offrait en comparaison de ce que je connaissais, à savoir le Karaté. Le Kali Eskrima en revanche me paraissait une discipline très technique et pas assez orientée 'castagne' aux yeux de l'adolescent en mal de sensations fortes que j'étais à l'époque.

Ma rencontre avec Sifu/Guro Didier Trinocque a été sans aucun doute un point important de ma construction en tant qu'artiste martial, techniquement mais également dans ma réflexion par rapport à ma pratique. C'est cette réflexion qui m'amènera quelques années plus tard à reconsidérer mon point du vue sur les arts de combat philippins et, comme il le fit lui-même, à partir chercher des réponses à l'étranger puisqu'il avait quitté la région niçoise et même la France à cette époque.

C'est ainsi que, par le hasard d'une lecture, j'ai pris contact avec un autre guide dont l'impact sur ma progression dans la compréhension des arts de combat, et notamment de ceux originaires de l'archipel des Philippines, fut le plus décisif... Tuhon Patrick O'Malley, expert britannique, haut en couleurs, authentique et rustique, à qui je dois une très grande part de la compréhension que j'ai pu avoir du chemin que j'ai parcouru.

J'ai eu le privilège de pouvoir étudier sous sa direction pendant plus d'une dizaine d'années, plusieurs mois par an , selon la méthode connue dans les traditions japonaises sous le terme uchi-deshi (élève à demeure), expérience enrichissante au plus haut point.

Quelques années en arrière, il y a dix ans bientôt, s'est tenu le premier grand stage multi-styles d'arts martiaux philippins organisé en France, évènement où j'ai été convié comme intervenant et à l'occasion duquel les organisateurs (Stéphane Fernandez et Sigfried Lepeu) m'ont demandé de donner un nom à l'école que j'allais représenter...

Ayant pris quelques distances avec l'organisation à laquelle j'appartenais alors, j'ai donc 'élaboré' un nom pour désigner mon école. Mais, non pas dans le sens où je pensais avoir créé un nouveau style — Je n'avais et n'ai toujours pas cette prétention — mais plutôt au sens où des groupes se créent dans l'art de combat brésilien de la Capoeira. Il y existe deux styles majeurs mais pléthore de groupes...

Et c'est ainsi que j'ai formulé *Ahuapan* — terme non pas Tagalog ou Cebuano comme on pourrait le penser mais Panoan, une langue autochtone du Pérou, qui signifie 'du tapir', en référence à un pseudonyme que j'utilisais sur certains forums dédiés aux arts martiaux sur internet — *Combat* — car je demeure un fervent convaincu des vertus et enseignements que l'on retire de l'exercice régulier du combat — *Eskrima* — bien entendu en référence au terme générique qui désigne l'art martial philippin armé, lui-même synonyme des termes Arnis ou Kali.

Je me suis orienté vers l'enseignement de l'Eskrima il y a une quinzaine d'années, et j'ai la chance d'avoir réussi à créer un noyau d'élèves motivés et appliqués, qui sont avec moi depuis plus de dix ans et qui sont aujourd'hui mes assistants. Certains ont choisi d'emprunter la forme sportive de notre discipline comme véhicule sur la Voie, dans laquelle ils me font la fierté de s'illustrer brillamment.

Au sein de ce noyau, il est un élève un peu particulier, puisqu'il ne réside pas à proximité du lieu où je dispense mes cours et la plupart de mes stages. Mais il n'en est pas moins appliqué et motivé, à tel point qu'il est parvenu à progresser en tant que pratiquant, ce que je constate à chaque rencontre, mais également en tant qu'instructeur. Là encore je peux le constater en réalisant l'évolution de ses propres élèves lorsque je descends animer un stage dans son école…

Cet élève — vous l'aurez compris sans mal, je parle ici de l'auteur du présent ouvrage, Greg — me fait, aujourd'hui, l'immense honneur de réaliser un travail de présentation de notre école et de notre groupe (dans lequel il tient une place à part entière). Ce livre, je l'espère, sera une source d'inspiration pour les lecteurs désireux de commencer à alimenter leur réflexion sur cet art exotique venu de traditions des jungles d'un archipel du sud-est asiatique, mais non moins remarquablement contemporain dans le pragmatisme de son matériel tactique.

Certes un livre ne remplace pas le bénéfice de pouvoir suivre l'enseignement d'un instructeur compétent. Et, même si nos disciplines sont encore assez confidentielles en France, il y a un certains nombres d'instructeurs fort expérimentés, dans différents styles, qui proposent des cours et des stages dans l'ensemble de notre pays… Mais un ouvrage de qualité peut être une première étape, une rencontre d'une certaine manière, qui guidera et orientera le pratiquant dans une direction sur la Voie… direction qu'il pourra faire le choix d'emprunter pour un temps ou pour longtemps.

Je termine ces quelques lignes en adressant mes remerciements à tous les 'sensei' que j'ai eu l'honneur et le privilège de croiser le long du chemin et qui ont pris le temps de partager avec moi leurs expériences, réflexions et enseignements afin de me permettre d'aller moi-même à chaque fois un pas plus loin. La liste est longue et je ne peux les citer tous. Mais j'adresserais tout particulièrement ma reconnaissance à mon mentor depuis que je suis en région lyonnaise, Franck Ledee, ainsi qu'à mes frères d'armes Eric Cervel, Sylvio Silveri et le cadet Jean-Yves Castellano…

Punong Guro Thomas Roussel, Lyon 2017.

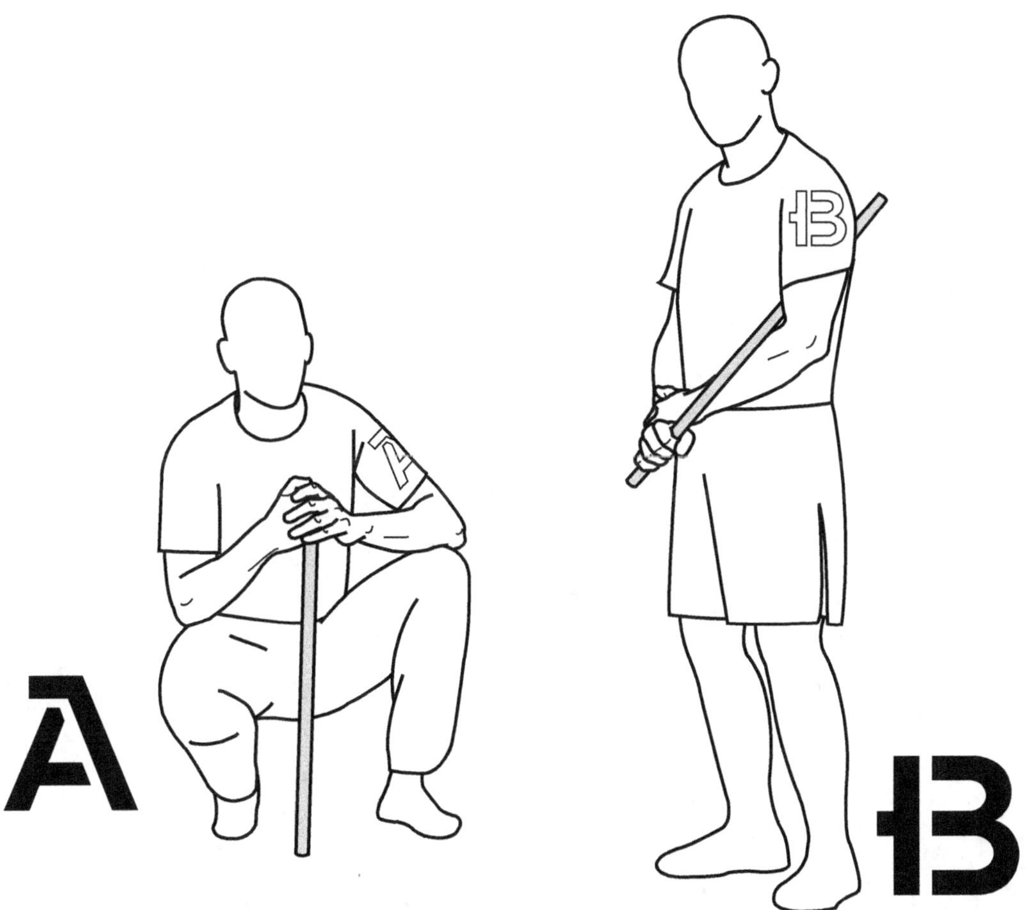

A et B, élèves du groupe Ahuapan Combat Eskrima, vont nous accompagner tout au long de cet ouvrage et présenter les exercices décrits.

Grips, Posture, Gardes et Angles

I. GRIPS

L'Eskrima est un art martial dont l'apprentissage passe d'abord par la pratique des armes. Ses déclinaisons à mains nues — percussions, saisies, clés, etc… — sont considérées comme découlant des principes, formes de corps et angles acquis par le travail des armes, ou plus simplement comme un travail avancé.

L'outil privilégié pour se familiariser avec la pratique des armes est le bâton (*stick* en anglais, *olisi* en tagalog,…). Sa taille et son diamètre peuvent varier d'un style d'Eskrima à l'autre, d'un pratiquant à un autre. En Ahuapan on préférera en général un stick de 70 à 74 cm de long et d'un diamètre de 2 à 3cm.

PAIRE DE BÂTONS EN ROTIN, COUTEAU EN ALUMINIUM, GANTS DE HOCKEY, CASQUE À GRILLE…

Ce qu'il est important de comprendre et de retenir, c'est que l'Eskrima n'est pas un Art Martial du Bâton. L'Eskrima est un Art Martial du Combat Armé. Si le bâton est bel et bien une arme, il est fondamental de le voir aussi ici comme un outil qui permet d'entraîner le corps et l'art du combat à l'utilisation d'une grande variété d'armes.

Ainsi, même avec un bâton en main, le pratiquant d'Eskrima doit 'visualiser' le sens du tranchant de la lame (et nous sommes bien d'accord qu'il n'y a pas de tranchant sur un bâton), afin d'entraîner des frappes correctes. Pour cela, il lui suffit d'orienter la crête formée par les articulations des doigts, entre la phalange proximale et la phalange intermédiaire, vers la cible…

Porter un coup sans tenir compte de cette recommandation reviendrait, une fois armé d'une arme tranchante, à frapper avec le plat de la lame. Mais aussi, même avec une arme non-tranchante, ce serait prendre le risque de se désarmer à l'impact, la main étant orientée dans le sens d'ouverture des doigts.

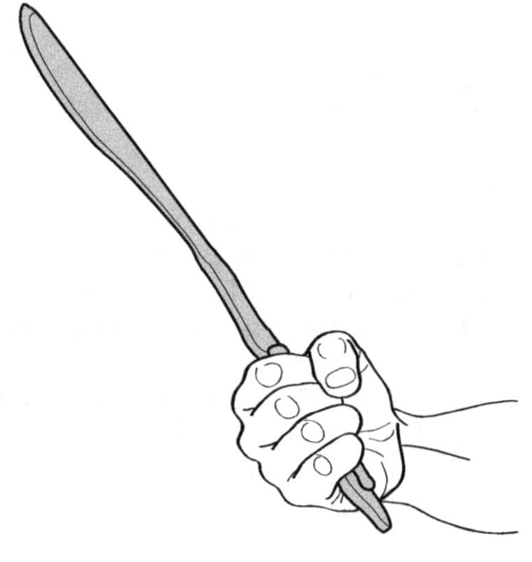

La saisie du bâton se fait à pleine main, ni trop serrée, ni trop relâchée — l'allégorie de l'oisillon tenu dans la main qu'il ne faut ni étouffer ni laisser s'échapper est ici pertinente. C'est une prise (grip) dite 'en marteau'. Lors des manipulations, on veillera à ne pas ouvrir les doigts, car si on obtient une fausse impression d'aisance on a alors toute les chances de se désarmer au moindre contact.

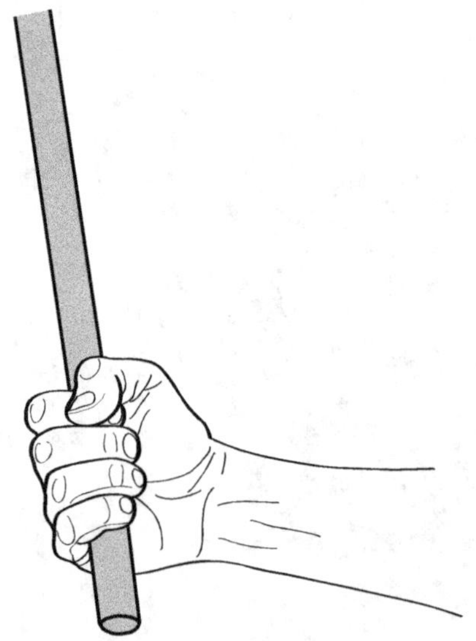

Le bâton se tient par une extrémité, en conservant un à trois doigts de marge de stick libre entre la main et le bout. Cette partie est appelée le Punyo. Sa première utilité est de permettre de ne pas perdre son bâton immédiatement quand il devient glissant. D'autre part, le Punyo sert pour des percussions à courte portée, des désarmements et des contrôles, comme nous le verrons dans les chapitres suivants.

Il n'est pas particulièrement pertinent de saisir son bâton par le milieu (hormis dans certains exercices d'échauffement du poignet). Par contre, lors du travail du Dos Manos, on vient saisir le bâton à deux mains, placées respectivement à chaque extrémité.

Pour les lames longues, on adopte un grip très similaire à celui du bâton — il faudra néanmoins tenir compte des spécificités de ladite lame.

Les objets plus courts comme les couteaux, mais aussi un stylo, une lampe de poche, etc… se prêtent plus aisément à deux prises différentes. Le grip 'Marteau', que nous venons de détailler pour le bâton, et le grip 'Pic à Glace'.

Si l'on s'intéresse particulièrement à un couteau standard (la conformation de certains couteaux peuvent évidemment faire varier ces considérations) :

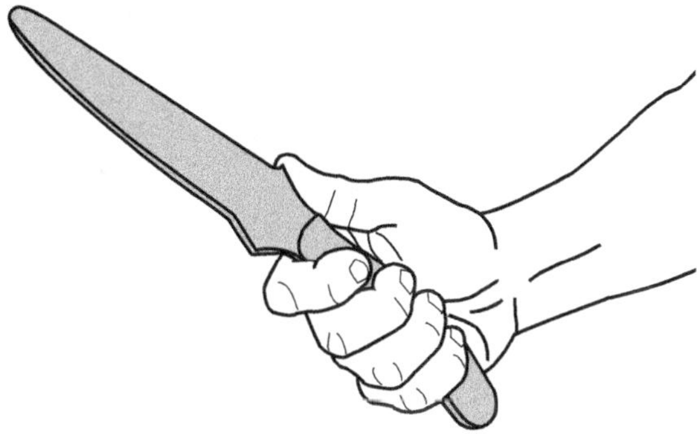

— en grip Marteau, le pouce qui vient dans le cas du bâton recouvrir l'index et le majeur, est ici placé de façon plus pertinente dans le prolongement du dos de la lame. Il évite ainsi à la main de glisser sur le tranchant, mais aussi de gérer la pénétration dans la cible.

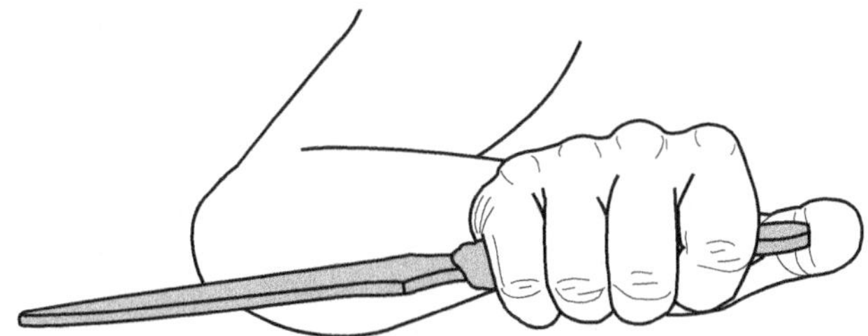

— en grip Pic à Glace on prend soin d'orienter le tranchant à l'opposé de l'avant-bras (vers l'adversaire potentiel, et non vers soi). Le pouce est idéalement placé sur le bout de l'arme, renforçant son pouvoir pénétrant et évitant toujours à la main de glisser sur le tranchant.

II. POSTURE

La posture de combat de l'eskrimador, le pratiquant d'Eskrima, est plutôt naturelle. Elle est assez similaire à celle d'un boxeur moderne, à ceci près que la main armée (et le pied correspondant) sont devant (le boxeur droitier, préfère avoir une garde à gauche).

Les jambes sont écartées mais pas plus que la largeur des épaules. Le poids du corps se porte sur la jambe avant, afin de bénéficier de toute l'amplitude de la longueur de l'arme. Si le pied avant est bien à plat sur le sol, le pied arrière repose sur le bol, talon décollé du sol, toujours prêt à donner une impulsion, comme au départ d'une course.

Le torse est droit, de face. La tête est droite, le regard ouvert et large. L'alignement est conservé du sommet de la tête au coccyx, en passant par le rachis et la colonne vertébrale. On évite de se pencher en avant (et en arrière), au risque d'être déséquilibré.

Les mains sont levées en garde, les coudes près du corps. Généralement, la main armée est avant la main non armée.

Les épaules sont relâchées, et d'une manière globale, l'ensemble du corps doit être en éveil mais détendu. La tension, et surtout la crispation sont à proscrire. Le relâchement permet d'être réactif, explosif et adaptable, ce qui est essentiel en combat. Il permet aussi, contrairement aux idées reçues, de déployer des frappes puissantes, notamment par l'interaction de plusieurs éléments du corps dans l'action, là où la crispation musculaire freine quant à elle le mouvement.

Une bonne posture assure équilibre, stabilité et puissance.

La posture décrite ici est bien évidemment susceptible de varier lors des déplacements, des esquives et évitements. Rien n'est figé. La mobilité est elle aussi essentielle, elle est la clé du combat et donc de l'art martial.

III. GARDES

La garde est à la fois une défense passive et la posture initiale depuis laquelle sont déclenchées défenses (actives) et attaques.

Baisser sa garde, c'est à la fois affaiblir ses défenses et devoir faire un mouvement inutile pour initier une attaque. Il faut être bien sûr de soi pour descendre volontairement sa garde.

On distingue ici deux gardes principales.

ABIERTA, LA GARDE 'OUVERTE'

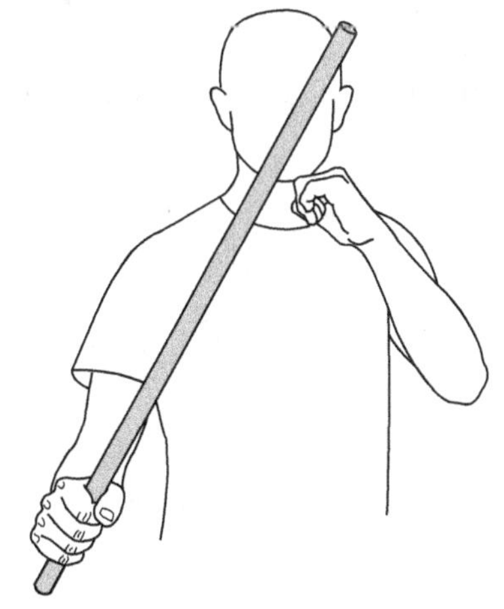

L'arme est tenue de façon à ce que la pointe soit dirigée vers l'adversaire (et non juste vers la ciel). La main armée est derrière l'arme (pas au même niveau). La main non armée est derrière. Dans le cas où les deux mains sont armées, la main tenant l'arme la plus longue est devant, la plus courte derrière — comme dans le cas du travail 'espada y daga' (épée et dague). Les coudes sont prêts du corps.

Dans certains styles, il est préconisé de coller la main non armée sur le torse. À mon humble avis, il est préférable de la maintenir alerte, à hauteur de la gorge. Ainsi cette main, tout en restant immédiatement disponible, couvre la zone du cou. L'avant-bras protège le cœur, et le coude est devant les côtes et la rate, . Nous verrons dans les chapitre suivants la grande utilité de cette main, bien que 'non armée'.

La garde Abierta est, à distance moyenne avec un bâton, une garde plutôt 'défensive' car elle permet peu d'initier une attaque immédiate sans armer. Elle trouve sa nature 'offensive' dans un travail de lame ou de bâton à distance longue (où l'armé se fait pendant le mouvement de compensation de la distance). Avec une lame, la pointe est en menace vers l'adversaire. On peut engager une attaque d'estoc de manière directe.

SERRADA, LA GARDE FERMÉE

L'arme est tenue Punyo vers l'adversaire, pointe vers l'arrière. Le bâton est du côté gauche, comme pour un revers.

La position de la main non armée est identique à la garde abierta.

C'est une garde plus appropriée pour le travail du bâton, plus 'offensive', d'où plusieurs angles d'attaques peuvent être initiés sans mouvements supplémentaires.

Il existe bien sûr d'autres gardes, et des variations de ces deux principales. On peut notamment citer les gardes 'masquées', pertinentes pour cacher l'utilisation d'une arme courte jusqu'à l'initialisation de l'attaque.

IV. Neuf angles de bases, deux types de frappes, quatre techniques...

Un élément commun aux différents styles d'Eskrima, tels qu'ils sont enseignés, est de raisonner en terme d'angles pour les attaques. Et pour distinguer les différents angles, d'attribuer à chacun d'entre eux un numéro — un même angle peut avoir, néanmoins, un chiffre attribué différent d'une école à l'autre. Ce qui est important c'est le concept, l'idée d'un vecteur d'attaque, indépendant de l'arme utilisée.

Par exemple, qu'elle soit portée avec un bâton, une machette, un stylo ou un couteau, une attaque diagonale, en coup droit, de haut en bas est un angle 1 (par convention). Si l'arme est tenue main droite, il s'agira donc d'une attaque descendante portée de droite à gauche. Attention ! Un coup donné de la main gauche, descendant de gauche à droite (donc en coup droit) est aussi un angle 1 !

Si vous êtes familier avec le concept de 'vecteur', il vous est aussi facile de comprendre que l'angle est indépendant de la hauteur à laquelle il est exécuté. Même si, par convention, on indique une cible privilégiée pour chaque angle. Ainsi, si l'on désigne généralement le côté de l'abdomen comme cible pour l'angle 3, une attaque horizontale en coup droit portée au genou ou à la gorge... est aussi un angle 3.

Lors de l'enseignement et dans tous les exercices évoqués dans cet ouvrage, on se référera donc aux angles explicités par les dessins ci-après pour identifier les attaques portées (et les défenses correspondantes).

Neuf angles de base

Angle 1

Attaque portée en coup droit, en diagonale descendante. Avec un bâton la cible est généralement la tempe, avec une lame le cou.

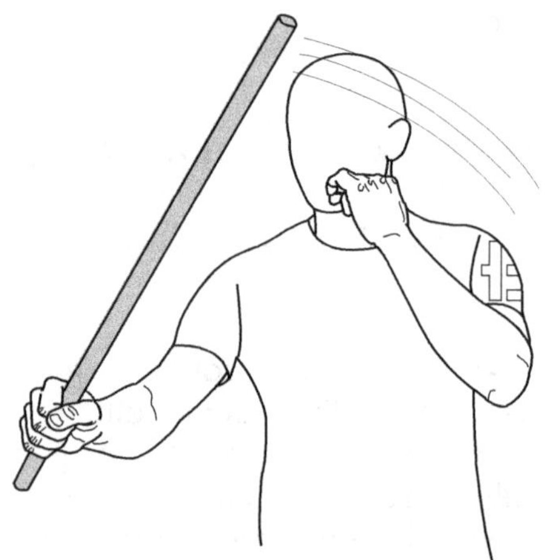

ANGLE 2

Attaque portée en revers, en diagonale descendante. Idem que l'angle 1 concernant la cible.

ANGLE 3

Attaque en coup droit, horizontale. La cible est généralement le flanc de l'abdomen.

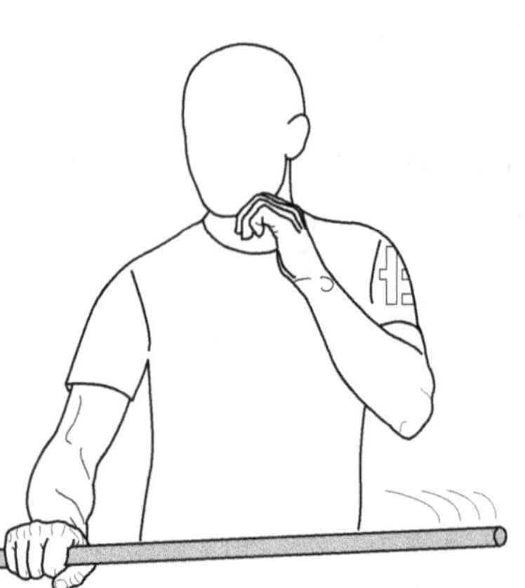

ANGLE 4

Attaque en revers, horizontale. Idem que l'angle 3 pour la cible.

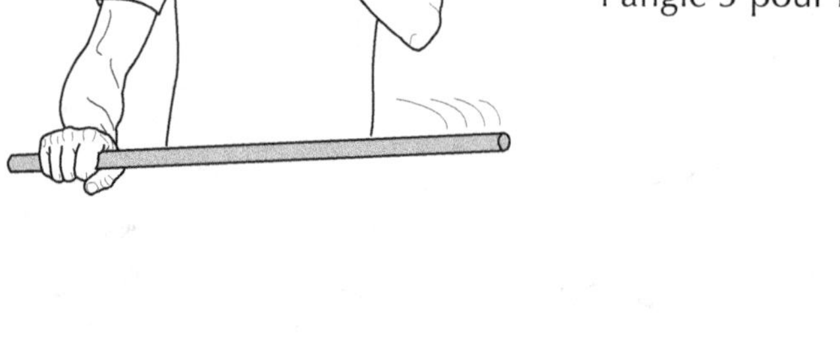

ANGLE 5

Pique droite légèrement remontante à l'abdomen.

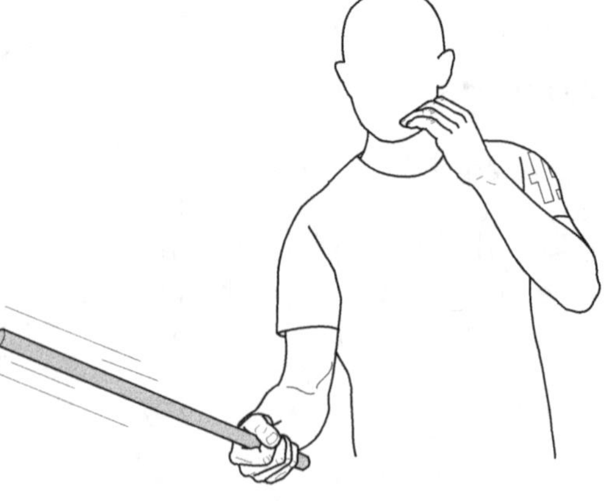

ANGLE 6

Attaque en revers, diagonale remontante. La cible est généralement le genou ou la taille.

ANGLE 7

Attaque en coup droit, diagonale remontante. Idem que l'angle 6 pour la cible.

ANGLE 8

Pique en revers à l'œil ou à la poitrine.

ANGLE 9

Pique en coup droit à l'œil ou à la poitrine.

Deux types de frappes

Lobtik, frappes traversantes

L'attaque est exécutée dans l'idée de traverser la cible. Pour un angle 1, le mouvement amorcé en haut à droite doit finir sa course en bas à gauche.
Le Lobtik est une frappe appuyée.

Witik, frappes rebondissantes

L'attaque est exécutée dans l'idée de claquer sur la cible. Le Witik est une frappe contondante plus sèche et plus légère que le Lobtik.

Quatre techniques spécifiques

Abaniko

Abaniko est un terme, emprunté à la langue espagnole, qui signifie éventail. Cette technique fait référence aux surprenantes attaques portées par une rotation rapide du poignet et de l'avant-bras (comme lors de l'ouverture d'un éventail). L'Abaniko peut être effectué sur l'axe horizontal comme sur l'axe vertical.

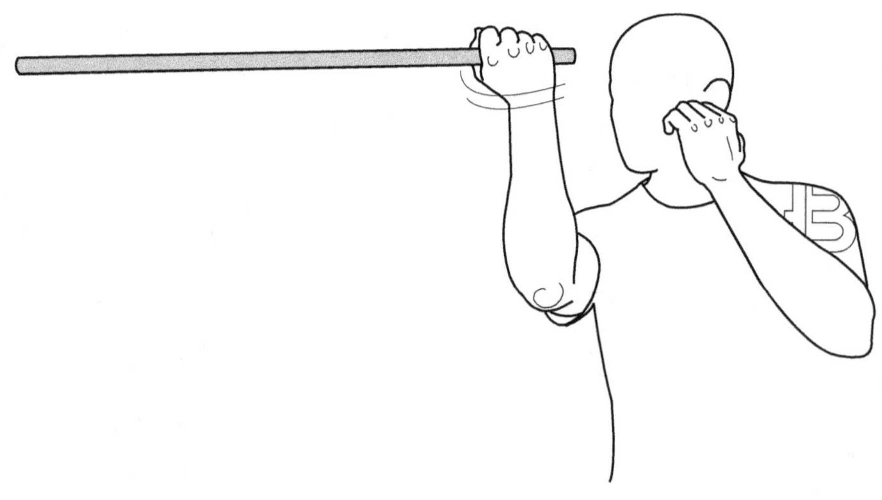

REDONDO

Frappe en revers où l'eskrimador fait décrire à son arme un large cercle sur l'axe vertical. C'est notamment une attaque redoutable pour frapper la main de l'adversaire tout en se tenant à distance. Le Redondo fait partie des frappes circulaires regroupées sous la dénomination commune Kurbada.

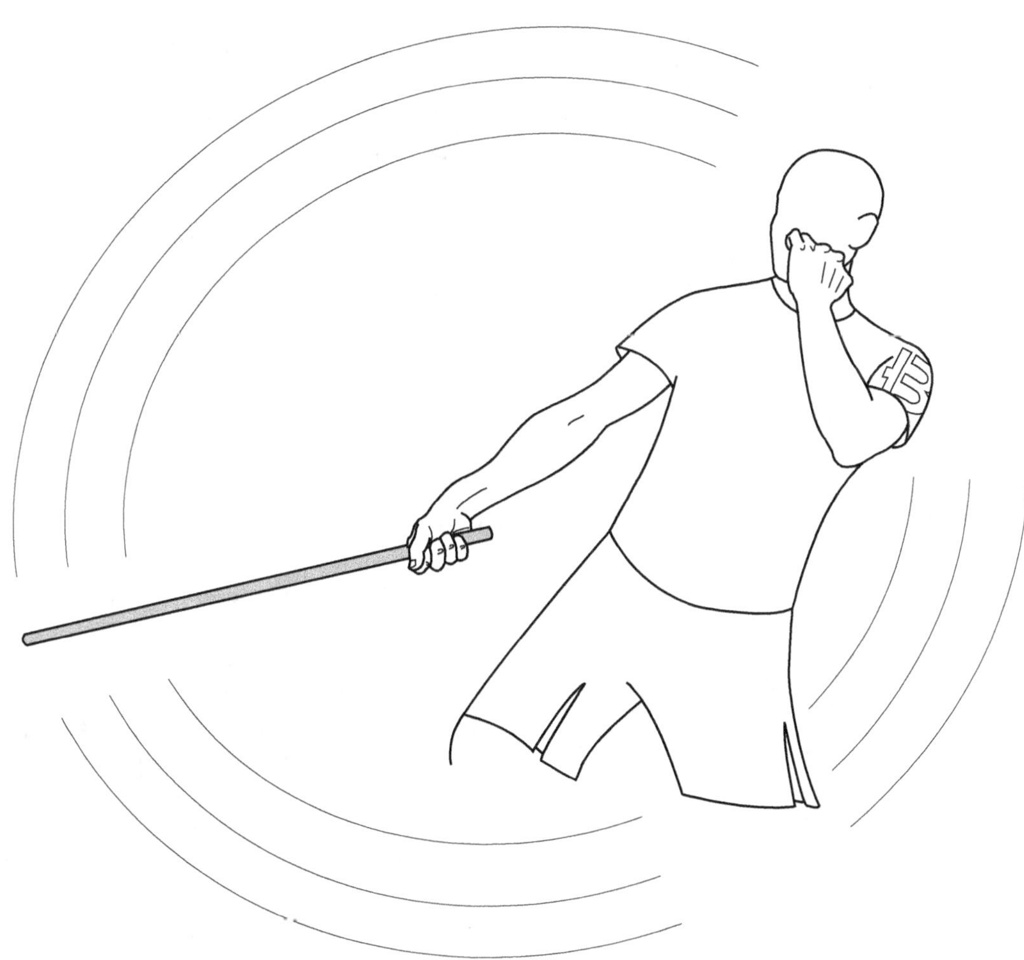

KURBADA

L'eskrimador fait décrire à son arme un cercle. Il peut être large ou petit, sur l'axe horizontal ou vertical, en coup droit ou en revers. C'est une technique efficace avec une arme contondante comme tranchante.

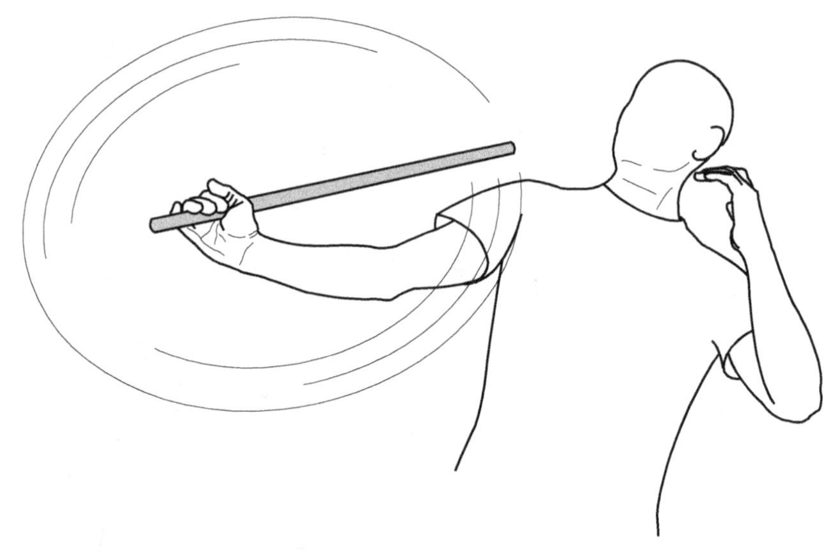

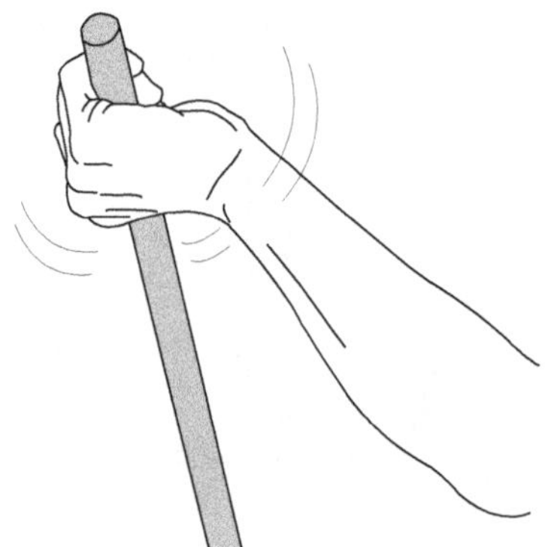

ARKO

L'eskrimador effectue une rotation du poignet, vers l'avant ou vers l'arrière. On utilise l'Arko pour échauffer le poignet, et gagner en mobilité de cette articulation. Mais en combat, l'Arko est aussi utile pour changer d'angle d'attaque dans un mouvement déjà amorcé ou pour réarmer une attaque à courte distance (sans avoir besoin de ramener le bras en arrière).

Pour la description des techniques et des exercices dans cet ouvrage, nous utiliserons la convention suivante :

Angle 1 Lobtik [D] , se lit 'frappe en coup droit, diagonale descendante, traversante, avec l'arme tenue main droite'.

Distances de Combat & Déplacements

I. Distances de Combat

Pour être dans une distance de combat, il faut être en mesure de toucher une cible chez l'adversaire. Si en tendant le bras et l'arme, on ne touche aucune partie constitutive de l'adversaire… on est hors-distance. Et il faudra donc se déplacer, ou que l'adversaire se déplace, pour être à distance.

On distingue trois distances de combat, qui ne peuvent être exprimées en unités de mesure standards, car elles dépendent des corpulences des deux adversaires qui se font face, et des armes qu'ils tiennent respectivement. Ainsi un petit homme tenant un bâton peut être à distance 'longue' alors que son grand adversaire armé d'un petit couteau est encore 'hors-distance'.

Largo Mano, distance longue

À cette distance il n'est pas encore possible de toucher le tronc de son adversaire avec son arme, mais on peut atteindre sa main.

C'est une distance pertinente dans le travail de la lame longue. C'est aussi une distance à privilégier pour le travail du double bâton (Doble Baston).

Elle permet de déployer des frappes puissantes, du fait de leur amplitude et de leur inertie. Elles sont difficiles à bloquer, mais ces attaques sont aussi plus lisibles.

À l'entraînement, pour contrôler qu'ils sont bien en distance Largo Mano, les deux partenaires se font face en posture de combat, bras tendu, bâton tendu. Les derniers 10 cm du bâton doivent être au niveau de la main du partenaire.

MEDIO CONTRADA, DISTANCE MOYENNE

À cette distance il est possible de toucher le corps de son adversaire avec son arme, mais pas encore avec les armes naturelles (pieds, poings,...).

C'est une distance pertinente pour le travail du simple bâton (solo baston). Les attaques sont moins puissantes qu'en Largo Mano, mais rapides et moins lisibles. Les défenses en blocages sont ici plus envisageables.

À l'entraînement, pour contrôler qu'ils sont bien en distance medio contrada, les deux partenaires se font face en posture de combat, bras tendu, bâton tendu. Les derniers 10 cm du bâton touchent l'épaule du partenaire.

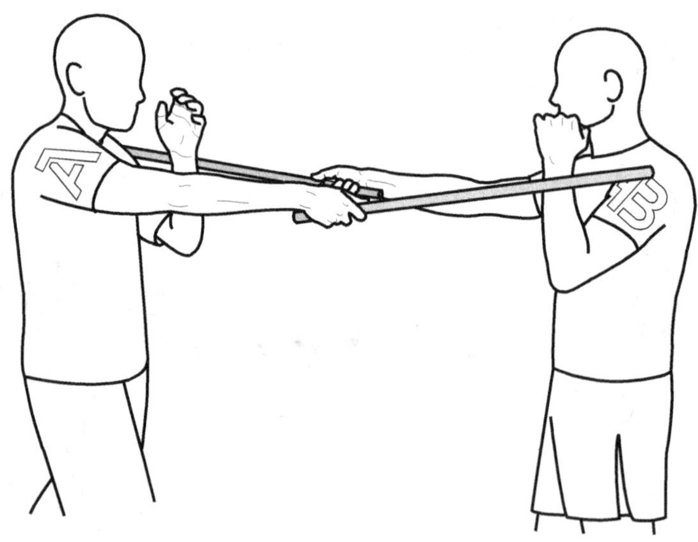

Corto, distance courte

À cette distance il est possible de toucher le corps de l'adversaire avec ses armes naturelles.

Au bâton, les frappes du Punyo ou en Abaniko sont particulièrement efficaces. Le bâton peut aussi être utilisé pour des clés et des contrôles.

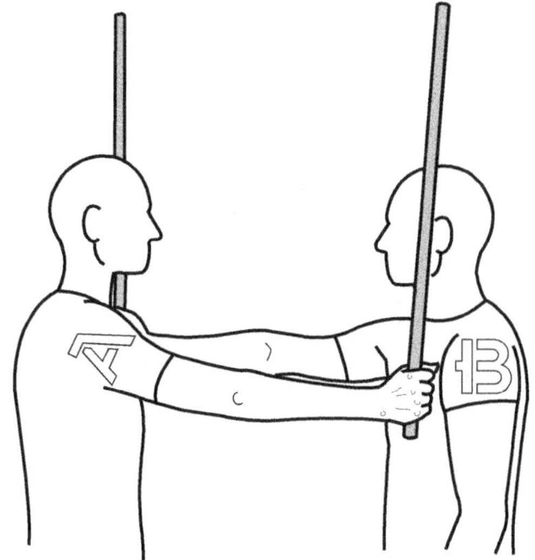

II. Déplacements

On ne le répétera jamais assez : quel que soit l'art martial, qu'il utilise des percussions de mains, de pieds (genoux, coudes, tête, etc…) ou des armes, les déplacements sont primordiaux.

On se déplace pour entrer dans une distance de combat, pour esquiver, pour sortir de l'axe, pour appuyer une technique de frappe ou de contrôle, pour changer d'adversaire… et, bien sûr, pour quitter le combat.

La mobilité est essentielle.

Apprendre à se déplacer, c'est disposer d'une palette de manœuvres et être capable de les utiliser de manière appropriée et de les exécuter dans le bon timing. Mais surtout, lors de tout déplacement, on s'assure de maintenir son équilibre et sa structure, ainsi que sa garde, afin de maximiser la disponibilité de l'ensemble du corps tant lors du mouvement, qu'à la fin du mouvement. Car le combattant, et le pratiquant d'Eskrima de surcroît, comme le joueur d'échecs, est à la fois à ce qu'il fait et déjà aux coups suivants…

Dans un premier temps, on peut isoler 'le déplacement' pour l'enseigner, voire le faire travailler comme un échauffement spécifique, de manière dynamique.
Dans ce chapitre, les différents déplacements vous sont présentés dans cette idée — depuis une position de départ à partir de laquelle on va enchaîner travail à gauche et travail à droite sur plusieurs répétitions.
C'est la répétition qui permet au pratiquant de rendre ses déplacements 'naturels' (acquis), fluides et efficaces, et donc de les mettre en œuvre avec facilité dans son travail avec les armes, puis éventuellement sous stress en situation réelle.

On retrouvera très logiquement ces déplacements dans les exercices et les applications présentés dans le reste de l'ouvrage.

Triangle Féminin

Le concept du triangle est omniprésent dans les Arts Martiaux Philippins, ce qui explique que l'on retrouve cette forme géométrique dans les logos de la grande majorité des écoles à travers le monde.

Vues de dessus, les gardes Abierta et Serrada forment toutes les deux un triangle.

Pour l'exercice, il est assez facile de matérialiser le triangle en posant deux bâtons au sol. Les pratiquants disposant de leur propre salle d'entraînement peuvent aussi peindre la forme géométrique au sol.

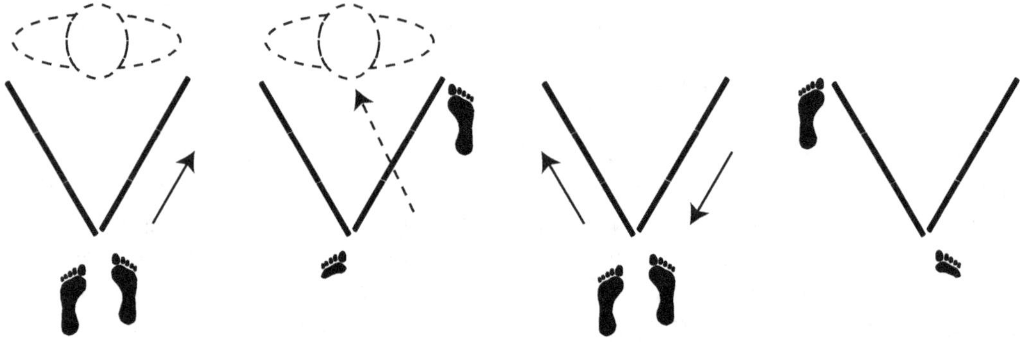

Pour le déplacement sur le triangle 'féminin', le pratiquant se tient, pieds joints, à la pointe du triangle. On imagine que l'adversaire se tient du côté de la base opposée. Afin de ne pas négliger la forme de corps, le pratiquant maintient une garde de mains haute et ne travaille pas les bras ballants.

Le déplacement à droite s'effectue en plaçant le pied droit sur la pointe droite du triangle. Le pied gauche, qui est devenu 'le pied arrière', a alors le talon décollé du sol. Simultanément, on pivote le bassin pour garder la position de l'adversaire dans son axe. Puis on revient à la pointe centrale, pieds joints.

Le déplacement à gauche est l'exact miroir de celui à droite.

Il suffit de les enchaîner en repassant à chaque fois par la position centrale, pour faire travailler le déplacement de façon dynamique.

Une fois les techniques de 'mains' acquises on peut ajouter un enchaînement de frappes à effectuer à chaque déplacement, avec retour en garde à chaque passage par le centre, pour enrichir l'exercice.

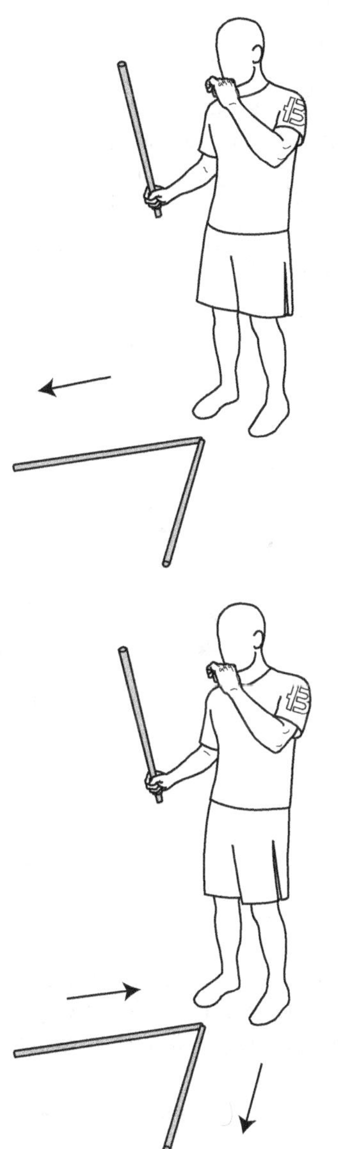

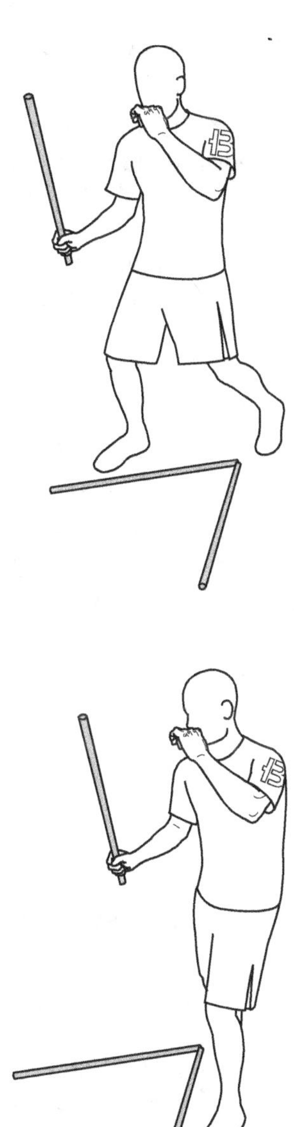

EXEMPLE :

Pieds joints à la pointe du triangle en garde Abierta
Déplacement en triangle à droite
Enchaîner angle 1 Lobtik puis angle 2 Lobtik (en prenant soin de travailler sur
un adversaire virtuel situé sur la base du triangle)
Retour pieds joints et en garde à la pointe du triangle
Déplacement en triangle à gauche
Enchaîner angle 2 Lobtik puis angle 1 Lobtik
Retour…

TRIANGLE FÉMININ 2

Le pratiquant se tient, pieds joints, à la pointe du triangle. Comme pour le déplacement précédent, il vient placer son pied droit à la pointe droite du triangle. Le poids du corps est bien sur cette jambe avant. Ce qui permet de venir placer le pied gauche sur la pointe gauche, en passant d'abord par la pointe droite, tout en conservant son équilibre. En pratique, la jambe gauche a décrit un arc de cercle. On ramène le pied droit au point de départ puis le gauche.

On enchaîne le déplacement plusieurs fois, puis on le pratique à gauche. Le déplacement à gauche est l'exact miroir de celui à droite.

TRIANGLE MASCULIN

Le pratiquant se tient, pieds joints, à la pointe du triangle, dos à la base. Il vient placer son pied droit sur la pointe droite. Puis retour pieds joints à la pointe, et il vient ensuite placer son pied gauche sur la pointe gauche. Avec plusieurs répétitions, pour travailler le déplacement.

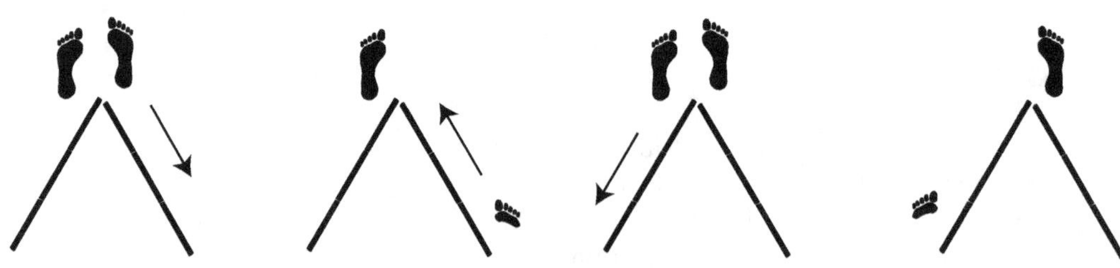

Dans un travail plus libre, on imaginera deux triangles identiques collés l'un à l'autre par leur pointe. On obtient une forme de sablier, ou une croix. Le pratiquant se place au centre, pieds joints, et enchaîne des déplacements Triangle Féminin et Triangle Masculin, en repassant bien par le centre. Il prend soin de son attitude corporelle. Il travaille de manière fluide et relâchée. Il prend soin de son équilibre, de bien assurer son transfert de poids, de maintenir son regard ouvert et au-loin et de maintenir sa garde de mains haute (mains nues ou armées, elle ne doit pas s'effondrer).

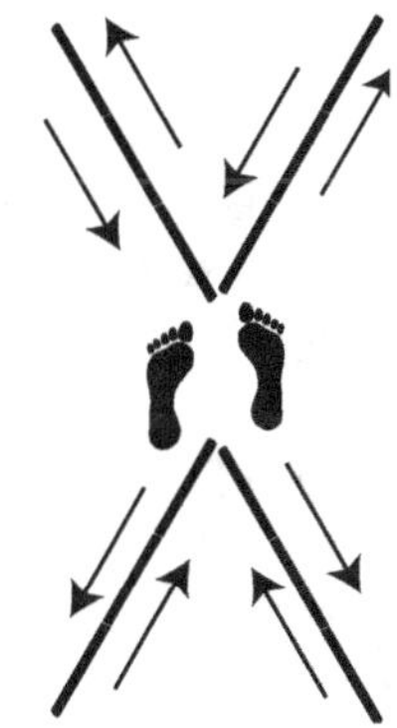

TRIANGLE MASCULIN 2

Le pratiquant se tient pieds alignés sur la base du triangle, écartement de la largeur des épaules. Il vient placer son pied droit à la pointe du triangle. D'une position neutre, il est passé à sa posture de combat, poids du corps majoritairement sur la jambe avant, le pied droit à plat, le pied gauche talon décollé du sol.

Pour travailler le déplacement, il ramène son pied droit à sa position initiale, puis reproduit le mouvement avec son pied gauche.

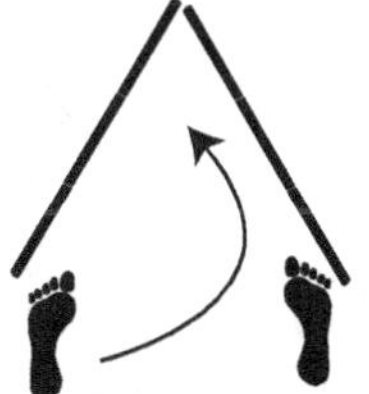

LOSANGE

On visualise une forme de losange, soit deux triangles accolés par la base. Le pratiquant se tient, pieds joints, à la pointe du losange. Comme pour le déplacement en triangle, il vient placer son pied droit sur la pointe droite du losange. Puis son pied gauche vient rejoindre son pied droit, avant de poursuivre sa route jusqu'à la pointe opposée.

Pour revenir au point initial, il retire son pied gauche, en passant à nouveau par la position du pied droit. Puis il ramène à son tour le pied droit à la pointe, pieds joints. Le déplacement à gauche est le même en miroir.

Pour travailler ce déplacement en dynamique, on décrit tour à tour le côté droit, et le côté gauche du losange en repassant par la pointe.

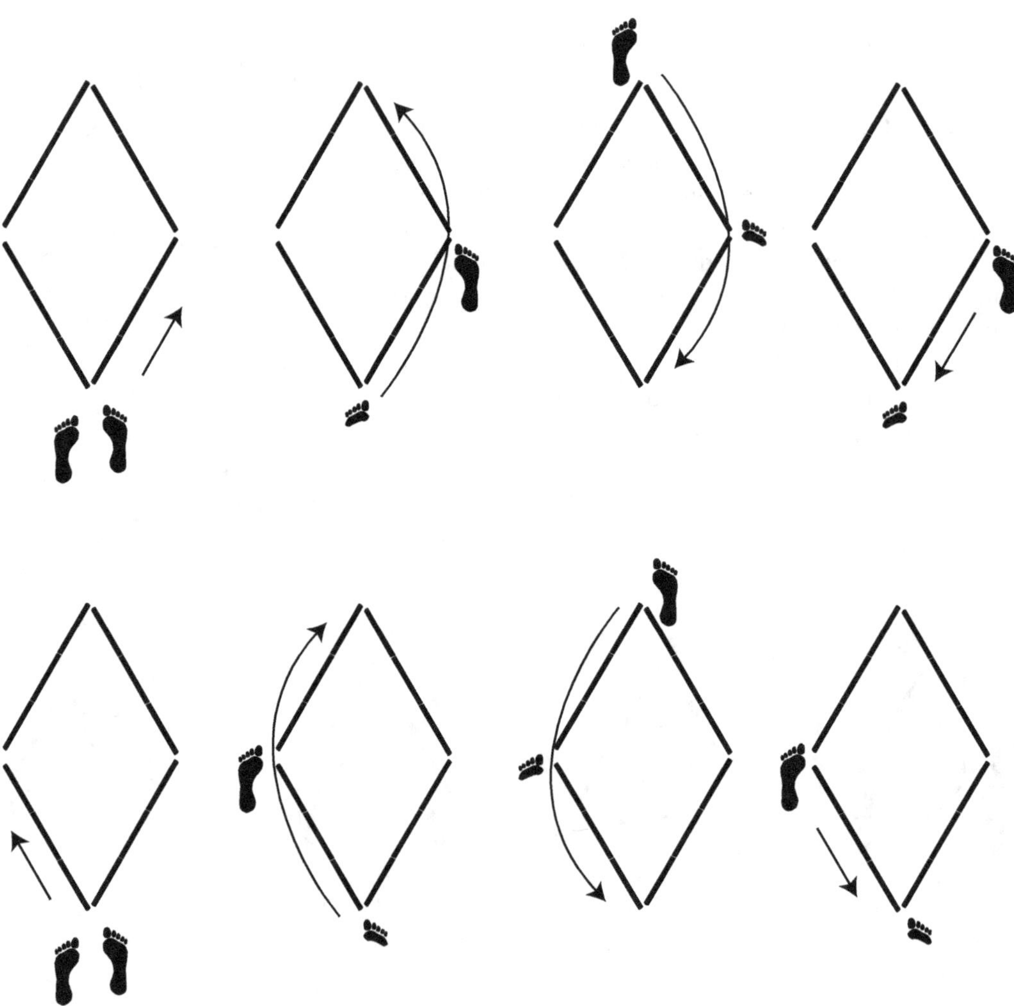

TRIANGLE FÉMININ ET EFFACEMENT

Dans l'exécution de ce mouvement, on effectue un déplacement en triangle féminin puis on décale le pied arrière, ce qui réoriente le corps.

En pratique, ce mouvement permet de sortir de l'axe de l'attaque de l'adversaire (notamment face à une pique ou une charge), tout en restant à distance et en conservant l'adversaire dans notre propre axe d'attaque.

En travail dynamique du déplacement, après avoir exécuté le mouvement à droite, on repasse par la pointe du triangle avant de l'exécuter à gauche...

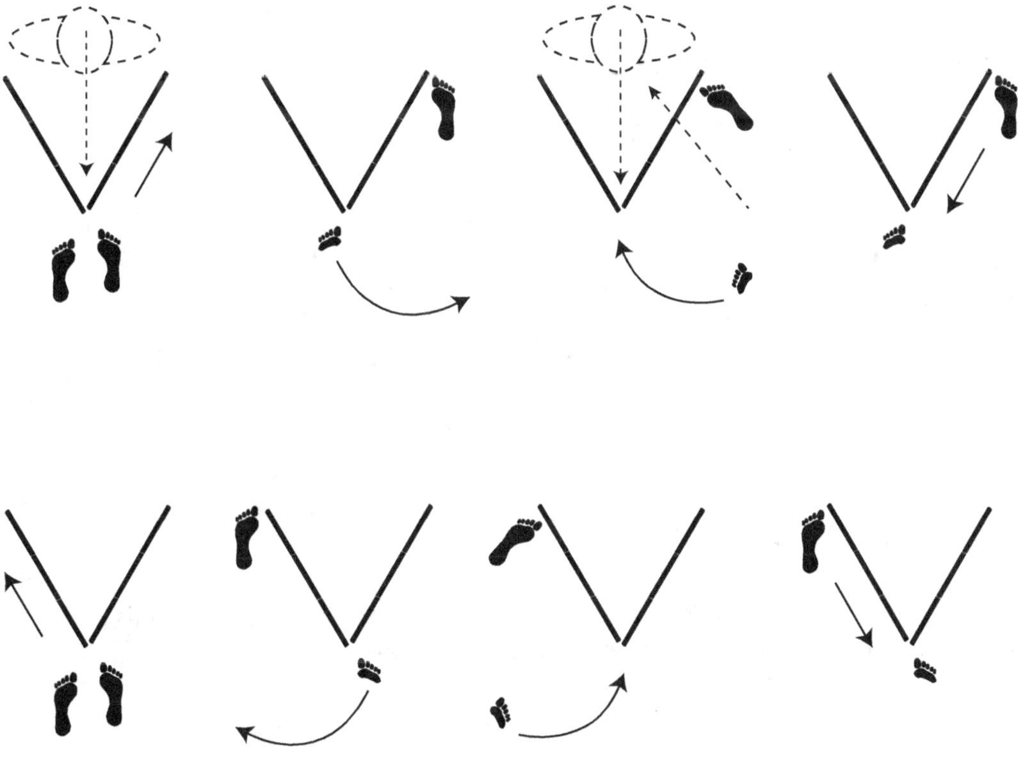

EFFACEMENT

Écartement des pieds de la largeur des épaules. On décale un pied dans un mouvement circulaire arrière. Ce qui mécaniquement fait pivoter le torse et le sort de l'axe d'attaque d'une pique. On prend soin néanmoins de conserver son intention vers la position de l'adversaire.

Pour le travail dynamique du déplacement : retour en position de base, et décalage de l'autre jambe.

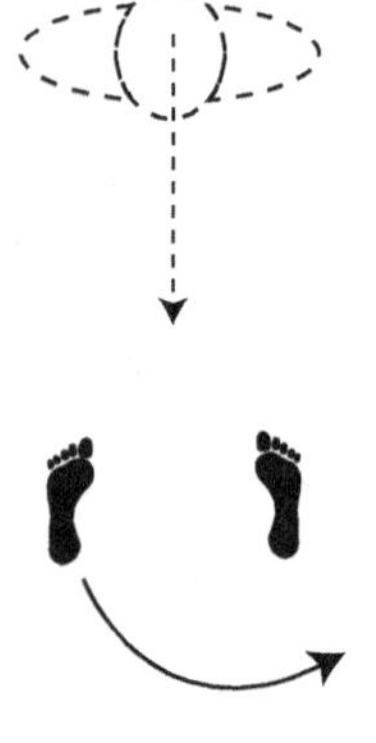

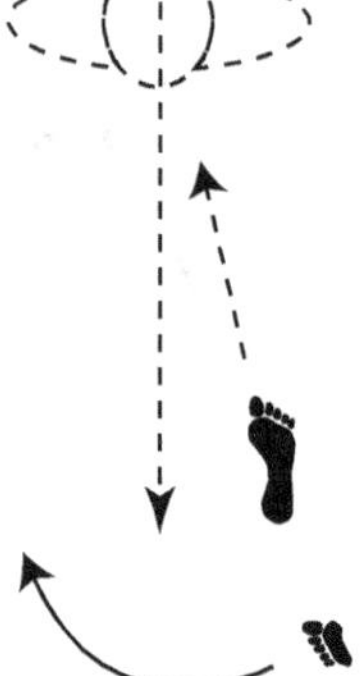

PIVOT SUR BOLS DES PIEDS

Écartement des pieds de la largeur des épaules. On pivote à droite puis à gauche en décollant les talons du sol et en transférant le poids du corps.

DÉPLACEMENT CROISÉ

Écartement des pieds largeur des épaules. Pour se déplacer vers la droite, la jambe gauche passe devant la jambe droite. Les jambes sont alors croisées. On décroise en décalant le pied droit vers la droite tout en prenant soin de se réorienter vers la position de l'adversaire.

Le déplacement vers la gauche est l'exact miroir de celui-ci.

À noter que l'on peut utiliser le principe du croisé / décroisé pour se déplacer en cercle.

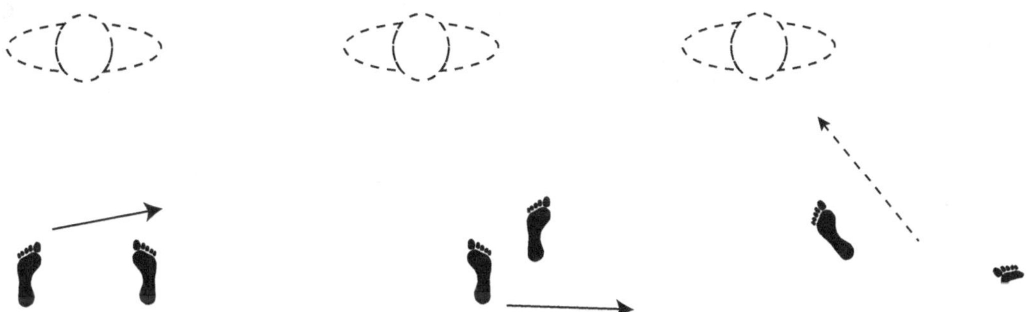

CHANGEMENT DE GARDE

Départ en posture de combat, écartement largeur des épaules, pied droit devant à plat au sol, talon pied arrière décollé du sol.

Amener pied gauche à la hauteur du pied droit, et ramener pied droit en arrière, sans parcourir de distance. La garde avec les mains s'adapte, sur le principe de 'même pied / même main' (quand le pied droit est devant, la main droite est devant).

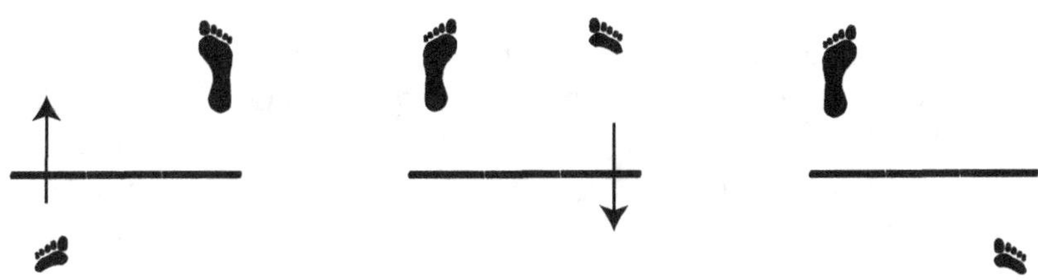

RETIRADA ILUSTRISIMO / LE PAS

Retirada, dont la sonorité évoque l'idée de retrait, est un déplacement qui permet, comme manœuvre défensive, de rapidement sortir d'une distance puis d'y re-entrer, et de même, comme manœuvre offensive, d'entrer et de ressortir.

Les deux Retiradas présentés ici peuvent aussi être utilisés pour progresser vers l'avant ou vers l'arrière tout en maintenant une bonne structure corporelle de combat.

Pour le Retirada Ilustrisimo, départ en posture de combat, écartement largeur des épaules, pied droit devant à plat au sol, talon pied arrière décollé du sol. Le pied gauche passe devant comme on le ferait pour un pas marché. Il devient alors le pied avant, posé à plat au sol, et le pied droit devient le pied arrière, talon décollé du sol.

Pour l'entraînement dynamique, on prendra soin de travailler plusieurs répétitions dans chaque garde.

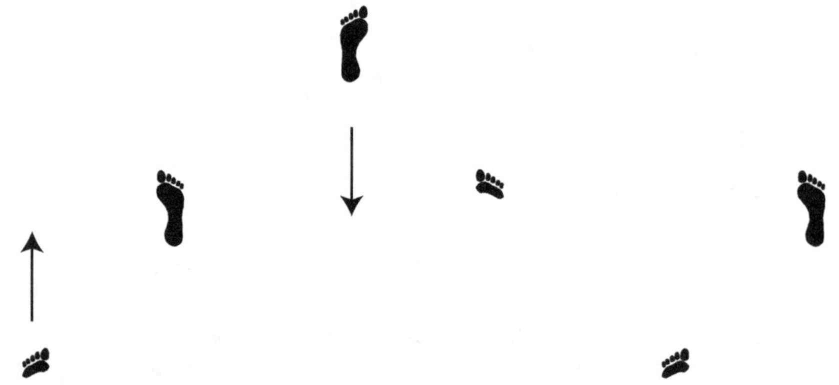

RETIRADA CABALLERO / LE DEMI-PAS

Parfois appelé 'pas glissé', le demi-pas permet de se déplacer vers l'avant ou l'arrière sans changer de garde. Contrairement à ce que l'on pourrait croire, la distance parcourue n'est pas la moitié d'un pas. On peut faire un tout petit demi-pas pour corriger légèrement une distance, ou effectuer un grand demi-pas pour combler brusquement un écart.

Départ en posture de combat, écartement largeur des épaules, pied droit devant à plat au sol, talon pied arrière décollé du sol.
Pour se déplacer vers l'avant, le pied droit va s'éloigner du pied gauche, et ce dernier va immédiatement corriger l'écart ainsi créé. Bien que le pied avant initie le

mouvement, il ne faut pas négliger l'impulsion générée par le bol du pied arrière. Le pied arrière n'est pas 'à la traîne'.

Pour se déplacer vers l'arrière, le pied gauche va s'éloigner du pied droit, et ce dernier va immédiatement corriger l'écart ainsi créé.

Évidemment, on prendra soin là aussi de travailler dans les deux gardes.

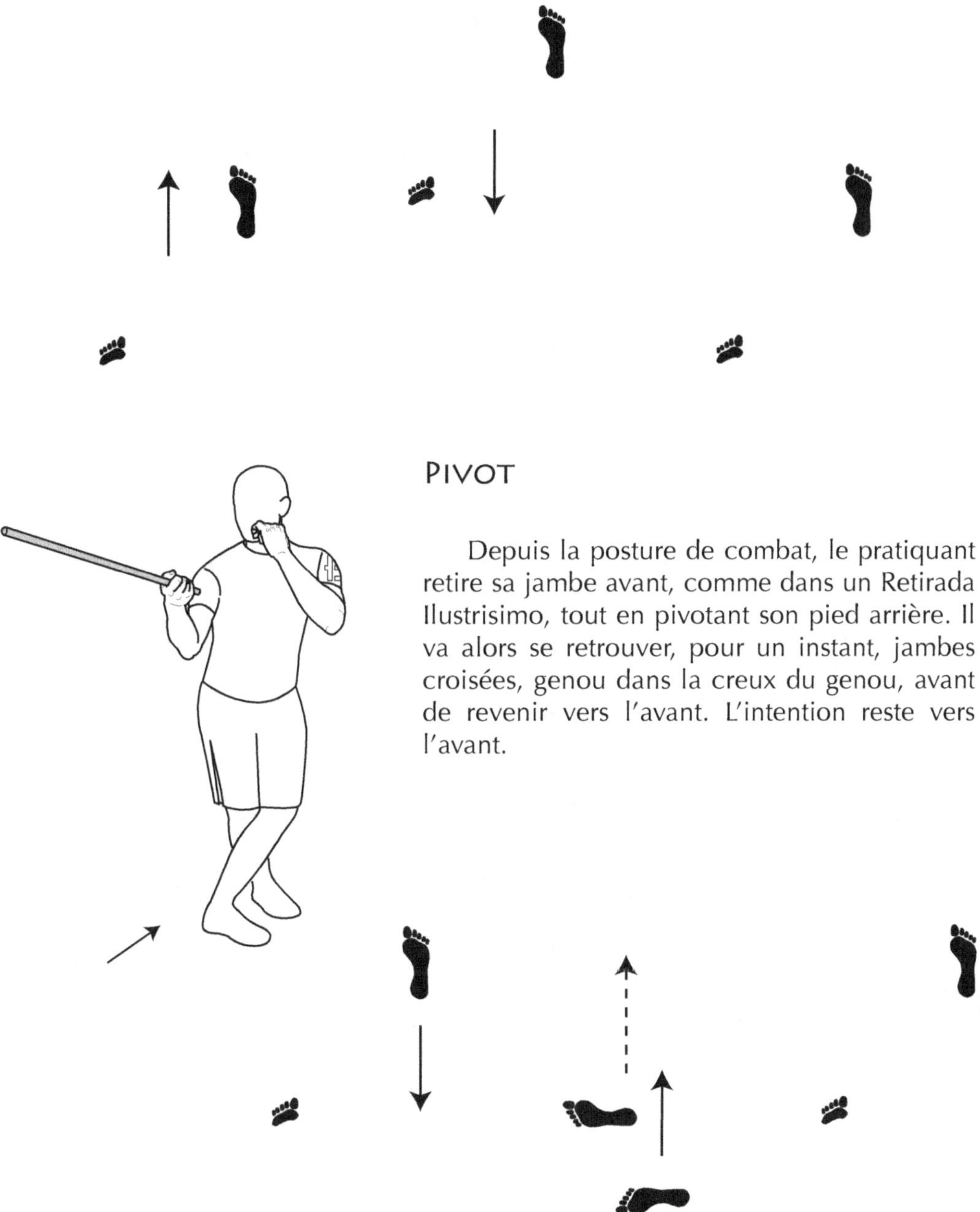

PIVOT

Depuis la posture de combat, le pratiquant retire sa jambe avant, comme dans un Retirada Ilustrisimo, tout en pivotant son pied arrière. Il va alors se retrouver, pour un instant, jambes croisées, genou dans la creux du genou, avant de revenir vers l'avant. L'intention reste vers l'avant.

III. Mobilité Corporelle

Ou l'art de se déplacer sans bouger les pieds… Nous évoquions précédemment l'importance du déplacement pour changer de distance de combat, ou encore maximiser l'efficacité d'une technique. Il m'apparaît alors important de mentionner au moins deux mouvements du corps en Eskrima qui jouent eux aussi un rôle essentiel pour parvenir à ces résultats.

Elastiko

En Largo Mano offensif, il y deux possibilités pour aller chercher le contact avec le tronc de son adversaire :
— se déplacer avec un Retirada, qui permettra de rentrer dans la distance et de ressortir.
— rester sur place mais exagérer sa mécanique corporelle pour aller chercher la distance, en portant le buste vers l'avant, tout en restant bien campé sur ses pieds. C'est Elastiko.

On peut faire de même en défensif, par exemple en esquivant avec le buste vers l'arrière tout en restant bien campé. Et bien sûr combiner déplacement et Elastiko, par exemple avec un triangle masculin.

Torque

L'importance du relâchement et du mouvement des hanches pour développer de la puissance est présent dans l'enseignement de nombreux arts martiaux et sports de combat, et notamment la boxe anglaise.

Il en va de même en Eskrima. Le mouvement seul du poignet et du bras ne permettent d'obtenir qu'une puissance limitée. La puissance de frappe (ou de coupe) correcte n'est obtenue que par la coordination de l'ensemble du corps : les fondations des jambes, la rotation des hanches — le Torque — et enfin l'épaule et le bras.

Les mots importants sont relâchement et coordination. Le Torque peut être plus ou moins appuyé selon l'effet souhaité, mais il faudra toujours le travailler avec ces deux mots à l'esprit pour qu'il devienne un allié considérable de votre efficacité.

Solo Baston

NUMERADO CLASSIQUE

Un bâton en main droite, en posture de combat et garde Abierta, le pratiquant enchaîne, dans l'ordre, les neuf angles de base. Il se familiarise ainsi avec les angles et la manipulation du bâton. Bien qu'il s'agisse d'une arme contondante, il est important de travailler en imaginant produire un effet de coupe.

Quand on est à l'aise et que les mouvements commencent à s'enchaîner avec fluidité, on ajoute les déplacements. Il s'agit ici d'effectuer un Retirada (un pas) simultanément à l'exécution de certains angles :

Depuis garde à droite (pied droit devant) Abierta
Angle 1 Lobtik
Angle 2 Lobtik en avançant pied gauche
Angle 3 Lobtik en retirant pied gauche
Angle 4 Lobtik en avançant pied gauche
Angle 5 en retirant pied gauche
Angle 6 Lobtik en avançant pied gauche
Angle 7 Lobtik en retirant pied gauche
Angle 8
Angle 9

Cet exercice qui s'exécute d'abord seul dans le vide, peut aussi être travaillé avec un partenaire comme nous le verrons dans la partie traitant des Drills.

NUMERADO AHUAPAN

C'est une variation du Numerado classique comprenant un enchaînement de 14 mouvements.

Pour travailler cet exercice en boucle, il suffit après le dernier mouvement de faire un pas en avant en exécutant la frappe en Angle 1.

Il est aussi intéressant d'exécuter cet exercice de la main gauche, en adaptant la garde et les déplacements.

Depuis garde à droite Abierta
Angle 1 Lobtik

Angle 4 Lobtik
en avançant pied gauche

Angle 3 Lobtik
en retirant pied gauche

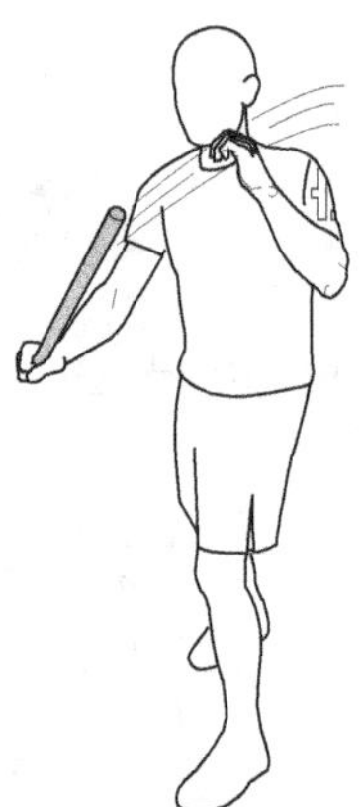

Angle 2 Lobtik
en avançant pied gauche

Angle 5
en retirant pied gauche

Angle 9

Numerado

Angle 8

Angle 6 Lobtik
en avançant pied gauche

Angle 7 Lobtik
en retirant pied gauche

Abaniko
à la tempe gauche

Abaniko
à la tempe droite

Redondo

Punyo au visage
en avançant pied gauche

Kurbada en exécutant
deux pas en arrière

II. Contres de Base & Check

On travaille avec un partenaire, à distance Medio Contrada (bras tendu, stick tendu, on touche le corps du partenaire). Les deux partenaires tiennent un stick main droite.

Travail avec Partenaires

Quand on travaille avec un ou plusieurs partenaires, il n'est nul besoin de se précipiter à frapper vite et fort pour une bonne dynamique de travail.

Certains pourraient y voir un manque de 'réalisme'. Mais la confiance, en soi et entre partenaires, doit se construire avant d'augmenter graduellement vitesse et force. De plus, la qualité du geste doit être à privilégier avant la puissance.

Une vitesse de travail contrôlée permet de venir au contact sans danger, hormis pour des frappes à la tête où l'on appliquera une prudence plus importante (ou des protections appropriées) ; c'est l'avantage d'utiliser un stick pour s'entraîner. À cette vitesse l'impact n'est qu'une gêne mineure pour le partenaire. Il est surtout important de ne pas chercher à arrêter le coup avant la cible, ou pire de viser à côté. Le corps, l'œil ou le cerveau ont tendance à enregistrer ces 'mauvaises distances' et à les restituer.

Avec l'expérience, les deux partenaires vont acquérir confiance et qualité technique. Ils vont aussi s'habituer aux impacts. Ils pourront alors être plus 'joueurs' entre eux. Et s'ils souhaitent s'essayer à des échanges 'appuyés', ils pourront aussi s'équiper de protections.

Pour l'ensemble des exercices (contres, drills, désarmements, applications...) décrits ci-après on présuppose que A et B sont droitiers, et vont naturellement utiliser l'arme de leur main directrice. Il est bien sûr souhaitable, voire recommandé, de travailler aussi chaque exercice, avec les adaptations nécessaires, alors que les partenaires tiennent le stick main gauche. Déjà, parce qu'une partie des pratiquants sont effectivement gauchers, mais aussi pour accroître son ambidextrie, son aisance avec ses deux mains, et parer à l'éventualité d'une blessure incapacitant la main directrice.

CONTRE ANGLE 1

A sert une frappe angle 1
B interpose son bâton en formant une croix avec le bâton de A. B prend soin
que le point de contact soit au centre du stick de A

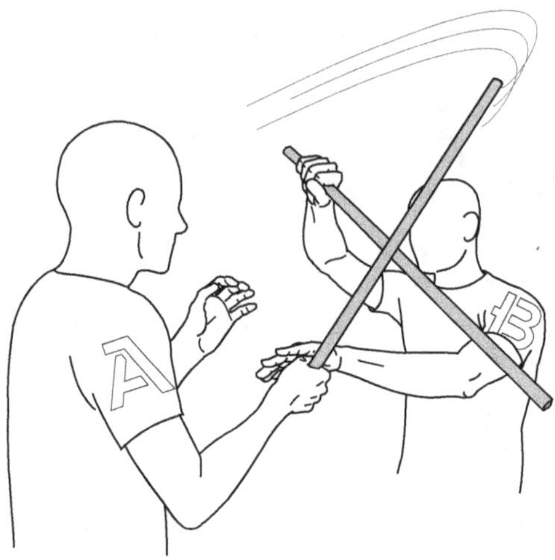

Cette manœuvre peut s'effectuer pointe en bas (Wing ou Roof Block) ou pointe
en haut (Inside Sweep).

L'inertie du bâton en mouvement de A est plus importante que celle du bâton
de B. Il est donc opportun d'ajouter un second point de contact pour renforcer cette
défense. On va pour cela utiliser le Check.

B effectue le Check de sa main non armée. Du verbe 'to check' en anglais, cette
manœuvre consiste effectivement à 'vérifier' par le contact de la main, en l'occurrence contrôler la position de la main ou du corps de l'adversaire.

Lors de la défense, alors que B interpose son stick avec la frappe de A, il vient
dans le 1/2 temps suivant placer sa main non armée sur la main armée de A. Il
établit ainsi un second point de contact avec l'attaque. Mais le Check lui permet
aussi d'anticiper le mouvement suivant de l'arme de A ou de passer sur un contrôle
(comme nous le verrons lors de la partie sur les Désarmements).

Si B a effectué son contre pointe en haut, il place son Check par au-dessus. Si par
contre il a effectué son contre pointe en bas, il place son Check par en-dessous.

CONTRE ANGLE 2

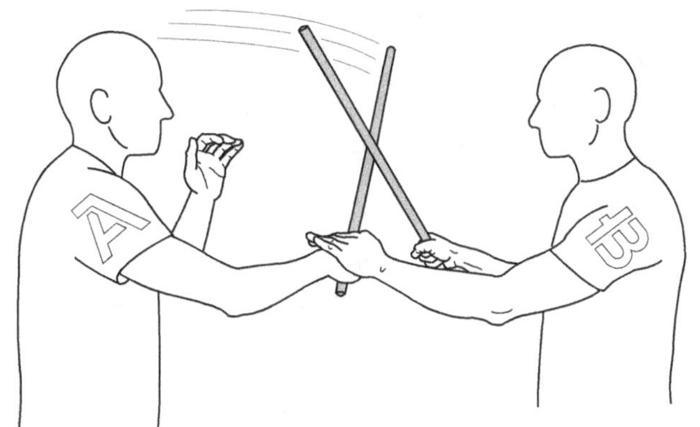

A sert une frappe angle 2
B interpose son bâton
pointe en haut et check

CONTRE ANGLE 3

A sert une frappe angle 3
B interpose son bâton et
check. Cette manœuvre
peut s'effectuer pointe en
bas, ou pointe en haut

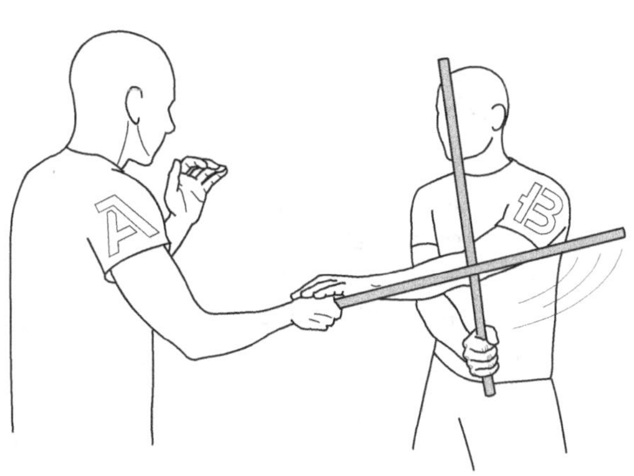

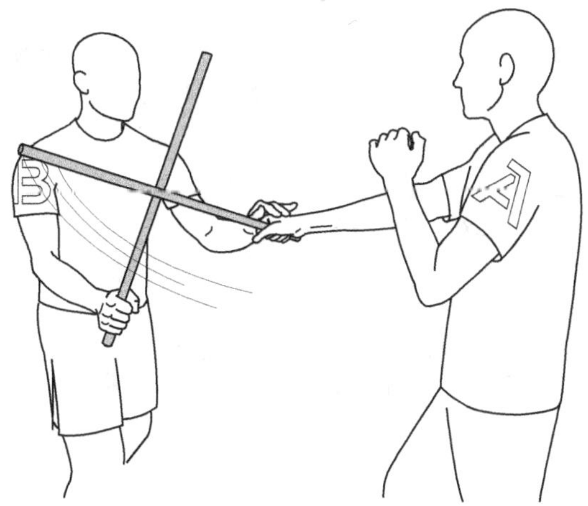

CONTRE ANGLE 4

A sert une frappe angle 4
B interpose son bâton et check
pointe en haut

CONTRE ANGLE 5

A sert une pique angle 5
B effectue un effacement (voir chapitre sur les déplacements) tout en prenant contact de son stick avec celui de A (il ne s'agit pas d'un blocage), et check de sa main non armée

L'effacement peut se faire intérieur ou extérieur, et le contact avec le stick pointe en bas ou en haut.

Si B n'a pas le temps de faire l'efface-ment il doit, a minima, utiliser sa mobi-lité corporelle pour écarter les cibles (en l'occurrence son abdomen) de la ligne d'attaque.

CONTRE ANGLE 6

A sert une frappe angle 6
B retire sa jambe droite et interpose son stick comme s'il voulait le planter dans le sol et check

CONTRE ANGLE 7

A sert frappe angle 7
B interpose son stick comme s'il vou-lait le planter dans le sol et check

BLOCKING DRILLS : EXERCICES AVEC PARTENAIRE SUR NUMERADO ET CONTRES DE BASE

Pour dynamiser le travail des contres de base, on peut proposer plusieurs exercices :

EXERCICE 1

Distance Medio Contrada
A sert les angles 1 à 7
B effectue les contres appropriés
B sert les angles 1 à 7
A effectue les contres appropriés

…

EXERCICE 2 :

Distance Medio Contrada
A sert angle 1 / B contre
B sert angle 1 / A contre
A sert angle 2 / B contre
B sert angle 2 / A contre
A sert angle 3 /…

EXERCICE 3 :

Distance Medio Contrada
A sert angle 1 / B contre
B sert angle 2 / A contre
A sert angle 3 / B contre
B sert angle 4 / A contre
A sert angle 5 / B contre
B sert angle 6 / A contre
A sert angle 7 / B contre
B sert angle 1 /…

EXERCICE 4 :

On reste sur un principe de 'à toi à moi' en utilisant les 7 angles de frappes et les contres de base, mais les partenaires choisissent librement l'attaque portée parmi les 7 options.

III. DRILLS

Dans l'enseignement des Arts Martiaux Philippins on utilise beaucoup d'exercices pédagogiques à deux sous forme de boucles, enchaînements de manœuvres répétés plusieurs fois dans lesquels on va ensuite introduire des variations ou des finalisations. Ce sont les drills.

Le but d'un drill est de développer certaines qualités martiales (coordination, sens de la distance, etc…), et notamment des réactions conditionnées par la répétition, sortes de 'réflexes éduqués'. Pour cela les deux partenaires qui exercent le drill doivent pouvoir le 'faire tourner' plusieurs fois sans erreur.

Comme il est très difficile de corriger une mauvaise habitude, il est important de s'attacher aux détails lors de l'exécution d'un drill, afin de cultiver le mouvement correct et non l'erreur. Par exemple, on s'assure que l'angle de frappe est bien dirigé vers la cible (une partie du corps du partenaire) et non vers le stick du partenaire (comme deux enfants jouant aux chevaliers…).

De même, l'aspect répétitif du drill a son défaut. Quand la difficulté de retenir les angles et les mouvements est dépassée, et que les partenaires sont à l'aise, ils ont vite fait de servir le drill tout en laissant dériver leur esprit, puisqu'il n'y a plus nécessité de conserver sa concentration. C'est le moment où il faut introduire dans le travail des variations pour que la nécessité de se focaliser se fasse à nouveau sentir.

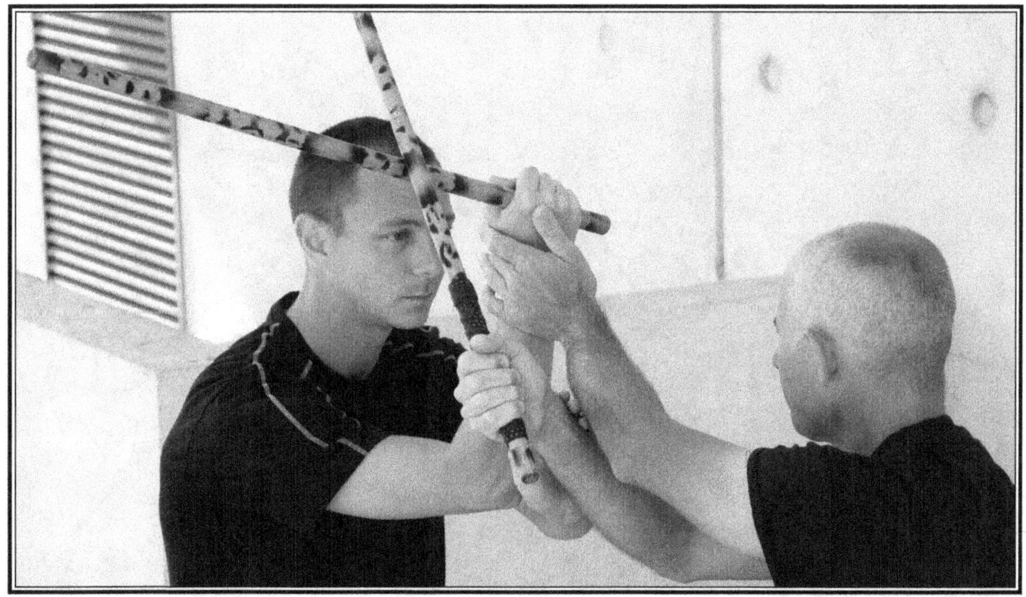

NUMERADO — ABECEDARIO

Distance Largo Mano, garde à droite Abierta
A et B servent simultanément le Numerado de 1 à 9
Pour les angles 3 et 4, on donne un léger angle aux sticks pour qu'il y ait contact
Angle 5, A et B font un pas en avant pied gauche et dévient la pique avec la paume de la main non armée vers l'extérieur
Angle 6, retrait du pied gauche pour revenir en Largo Mano
Angle 8, A et B font un pas en avant pied gauche et dévient la pique avec la main non armée vers l'extérieur
Angle 9, A et B dévient la pique avec la main non armée vers l'intérieur
Retrait du pied gauche, en faisant passer le stick derrière la tête, et retour en distance Largo Mano

Les deux partenaires reprennent le drill du début. Le premier objectif sera d'arriver à l'enchaîner au moins trois fois sans hésitations ni erreurs.

HIGH LOW HIGH

Distance Largo Mano, garde à droite Abierta
Angle 1 Lobtik
Angle 6 Witik
Angle 2 Lobtik

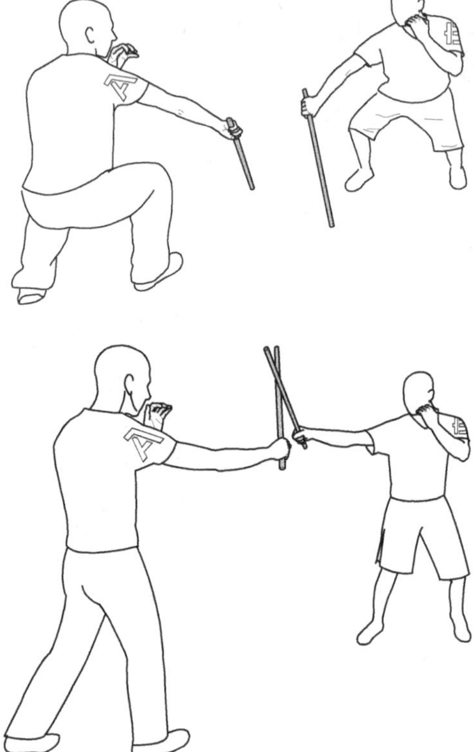

COMPTE 4

Le motif initial du drill est identique au High Low High, on ajoute un mouvement.

Distance Largo Mano, garde à droite Abierta
Angle 1 Lobtik
Angle 6 Witik
Angle 2 Lobtik
Angle 7 Witik

TRES TRES

Distance Medio Contrada, garde à droite Abierta
A descend sur ses appuis et sert angle 3 Lobtik hauteur cuisse
B descend sur ses appuis et contre pointe en bas
B sert angle 4 Lobtik
A contre pointe en bas (Wing)
A se redresse et sert une frappe verticale descendante à la tête
B contre en Roof Block
B descend sur ses appuis et sert angle 3 Lobtik hauteur cuisse…

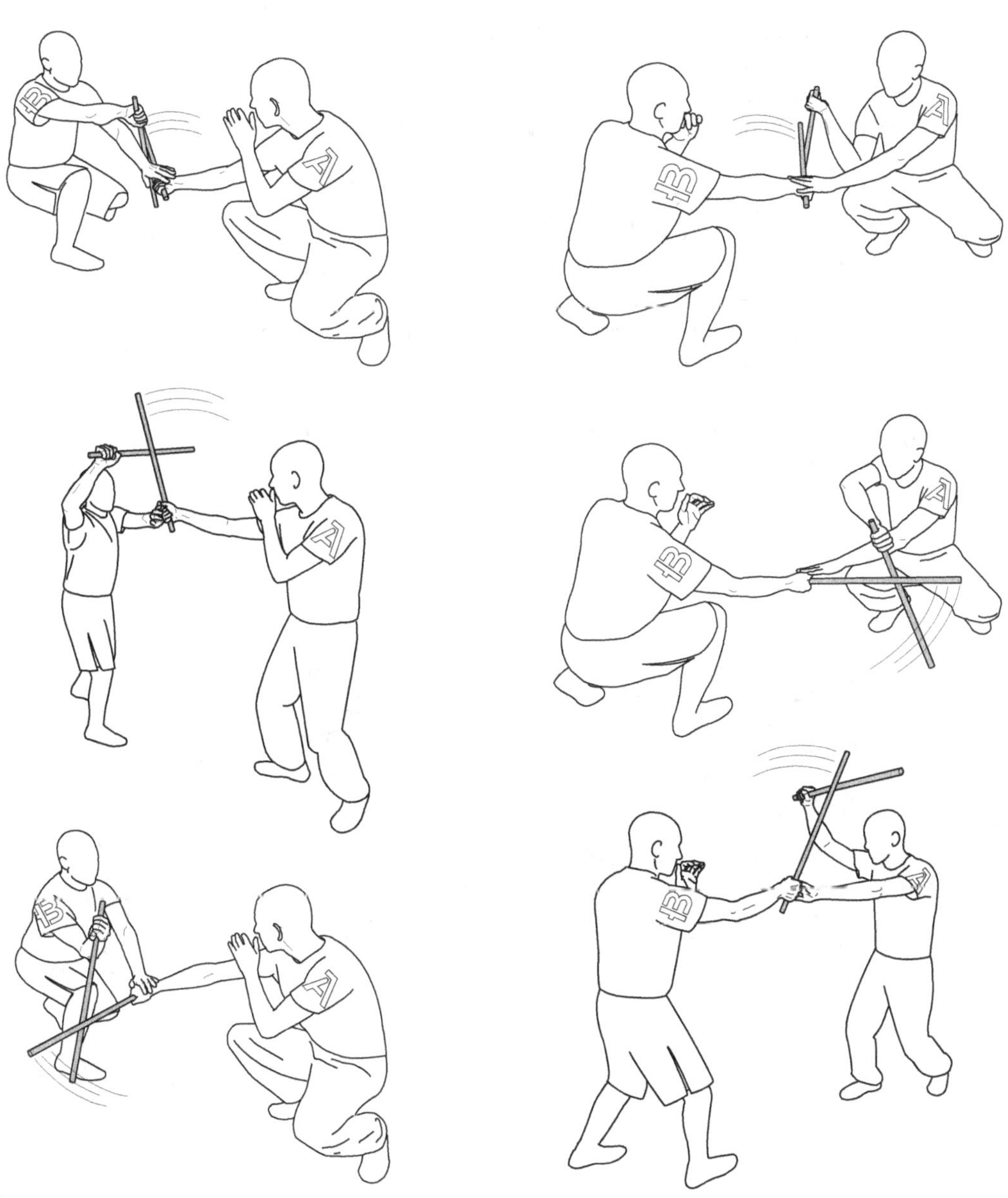

BOX DRILL

Box Drill est un éducatif commun à de nombreuses écoles d'Eskrima.

Son motif enseigne la logique du mouvement le plus opportun et donc le plus rapide à mettre en œuvre. Les attaques sont portées là où le passage est ouvert. Les défenses dépendent de la position du stick au moment de l'attaque.

C'est aussi un excellent éducatif pour développer le travail du Check, parfaitement adapté à la distance Medio Contrada. À chaque fois qu'il défend, l'eskrimador exécute un Check.

Distance Medio Contrada, garde à droite Abierta
A sert angle 1 Lobtik
B contre pointe en bas et check
B fait passer son stick derrière sa tête et sert angle 1 Lobtik
A contre pointe en haut et check
A sert angle 4 Lobtik
B contre avec une dissolution (frappe du stick de A) appuyée par son Check
B, utilisant le rebond de son stick, sert angle 1 Lobtik
A contre pointe en bas et check
A fait passer son stick derrière sa tête et sert angle 1 Lobtik
B contre pointe en haut et check
B sert angle 4 Lobtik
A contre avec une dissolution appuyée par son Check
A sert angle 1…

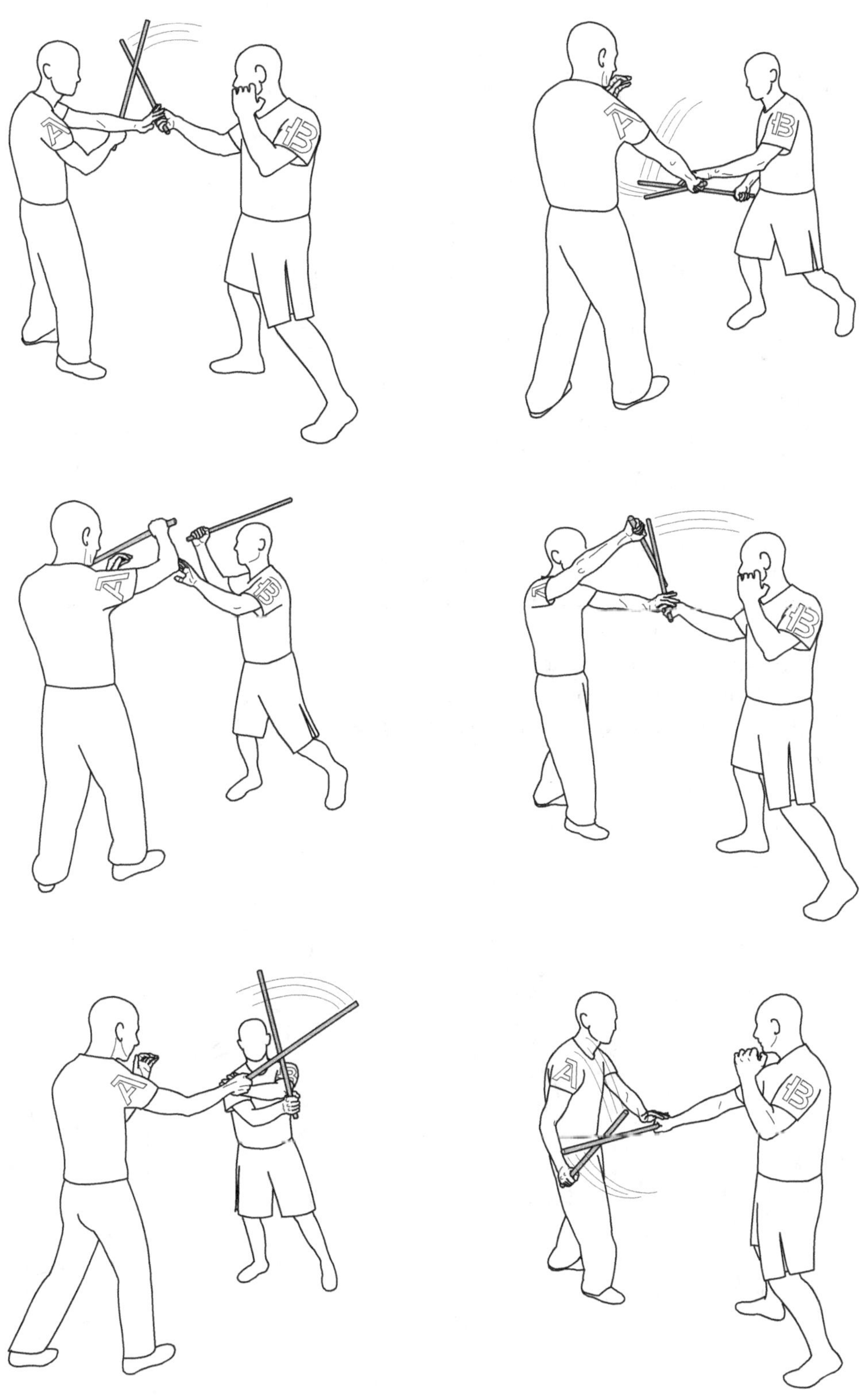

SUMBRADA 5

Il s'agit d'un drill 'à toi à moi' en cinq mouvements. Certains sont communs avec Box Drill.

Dans la version présentée ci-dessous, on insère volontairement un sixième mouvement facultatif, une attaque de Punyo, qui fait le lien avec le drill suivant Punyo Sumbrada.

Distance Medio Contrada, garde à droite Abierta
A sert angle 1 Lobtik
B contre pointe en haut et check
B sert angle 4 Lobtik
A contre en dissolution
A sert une pique angle 5
B contre pointe en bas et check
B sert une attaque Punyo au visage
A bloque de la main non armée au niveau de l'avant-bras de B
B sert une frappe Abaniko verticale à la tête
A contre en Roof Block avec coude à l'intérieur
De sa main non armée, A dégage le bras de B de l'axe et sert une frappe descendante à la tête
B sort de l'axe avec un déplacement en triangle vers la droite tout en laissant son bâton en protection (Umbrella)
B fait passer son bâton derrière sa tête et sert angle 1 Lobtik
A contre pointe en haut et check
A sert angle 4…

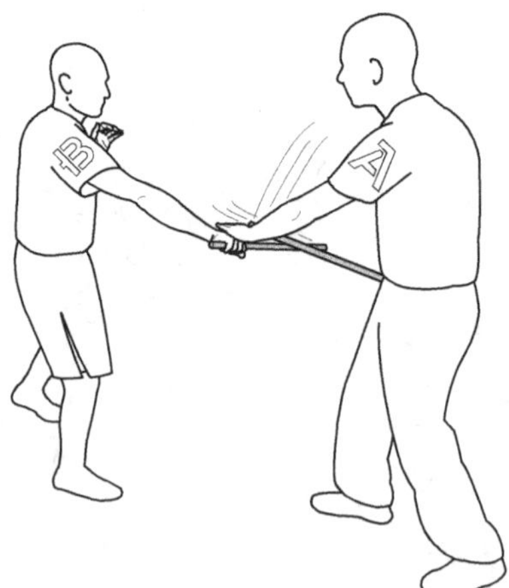

PUNYO SUMBRADA

Distance Corto, garde à droite Abierta
A sert angle 3 Lobtik (ou variation attaque en pique 5 comme dans Sumbrada 5)
B contre pointe en bas et check
B sert une attaque Punyo au visage
A bloque de la main non armée au niveau de l'avant-bras de B
B sert une frappe Abaniko verticale à la tête
A contre en Roof avec coude à l'intérieur
B passe sa main non armée dans le rectangle entre le stick et l'avant-bras, et contrôle le bras de A dans le sens des aiguilles d'une montre
Au passage B sert un angle 6 sur le bâton de A (en application combat c'est une frappe du Punyo sur la main armée de A)
B sert angle 3 Lobtik
A contre pointe en bas
A sert une attaque Punyo au visage
B bloque de la main non armée…

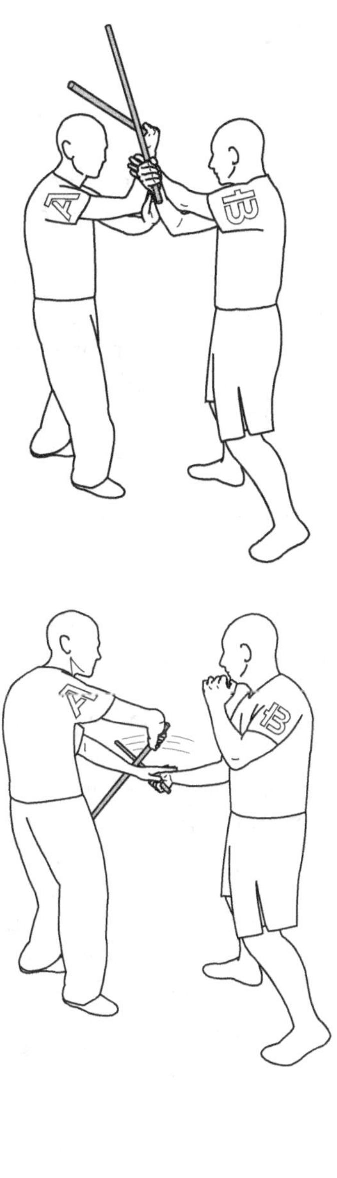

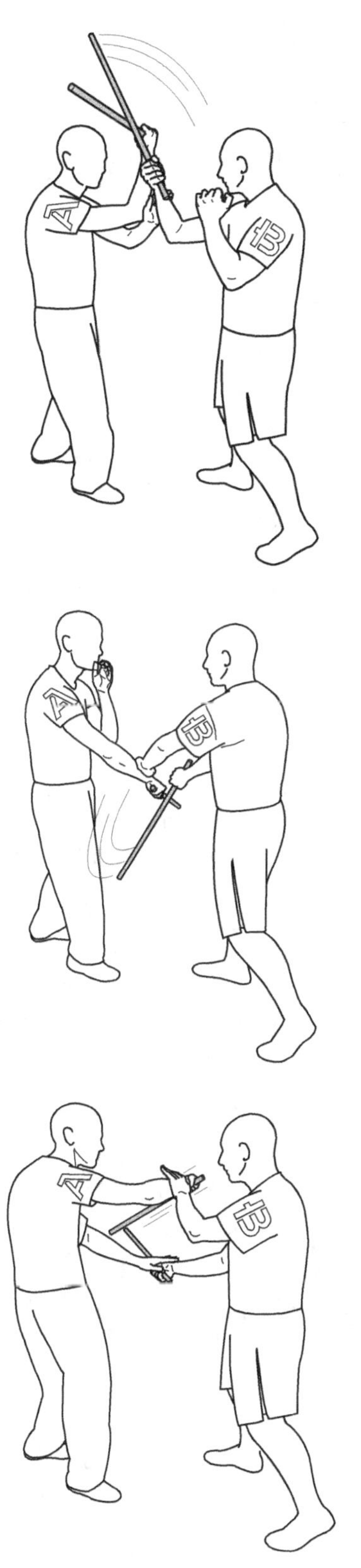

HUBUD LUBUD

Le drill très populaire du Hubud Lubud peut être décliné au bâton, au couteau et à mains nues. Sa distance de travail et le développement de la sensibilité qu'il induit, font qu'il est souvent comparé au travail du Chi Sao en Wing Chun, ou du Tui Shou en Tai Chi. Nous présentons ici sa version Solo Baston.

Distance Corto, garde à droite Abierta
1. A sert un angle 1 en attaque Punyo
B contre avec son bras non armé au niveau du poignet tout en pivotant son buste pour absorber l'attaque et éloigner la cible. Il faut faire face au vecteur de l'attaque.
2. B sert un Abaniko vertical sur le stick de A (en application combat c'est une frappe du Punyo sur la main armée de A) puis vient placer son avant-bras sous le bras de A, établissant un nouveau contrôle et libérant ainsi celui de sa main non armée
3. B vient poser sa main non armée sur l'extérieur du bras armé de A, juste au dessus de l'articulation du coude, et le dégage dans le sens des aiguilles d'une montre
1. B sert un angle 1 en attaque Punyo
A contre avec son bras non armé…

Une première variation qui peut être apportée à ce drill est d'offrir un 'cadeau', sous forme de frappe, à son partenaire sans briser le rythme du drill.

Par exemple, entre 1 et 2, B peut placer une frappe verticale Abaniko au pied avant de A ou une frappe angle 4 aux côtes.

Autre exemple, dans le mouvement 3, alors qu'il passe son stick de gauche à droite, B peut placer une frappe Abaniko horizontale au côté de la tête de A.

Ces cadeaux ne doivent pas être systématiques, mais peuvent être 'offerts' de temps en temps au fil du déroulement du drill par l'un comme l'autre des partenaires.

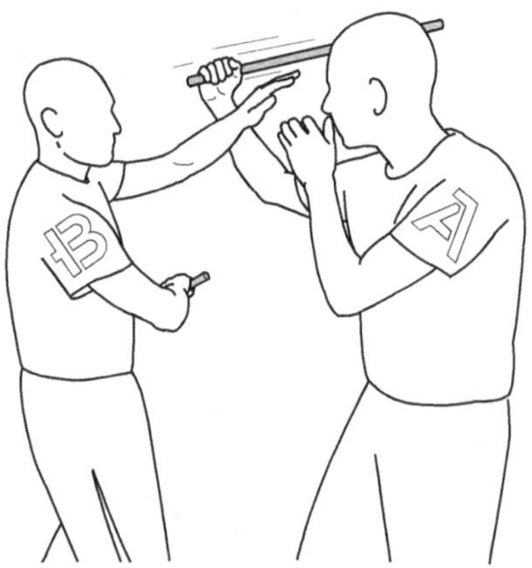

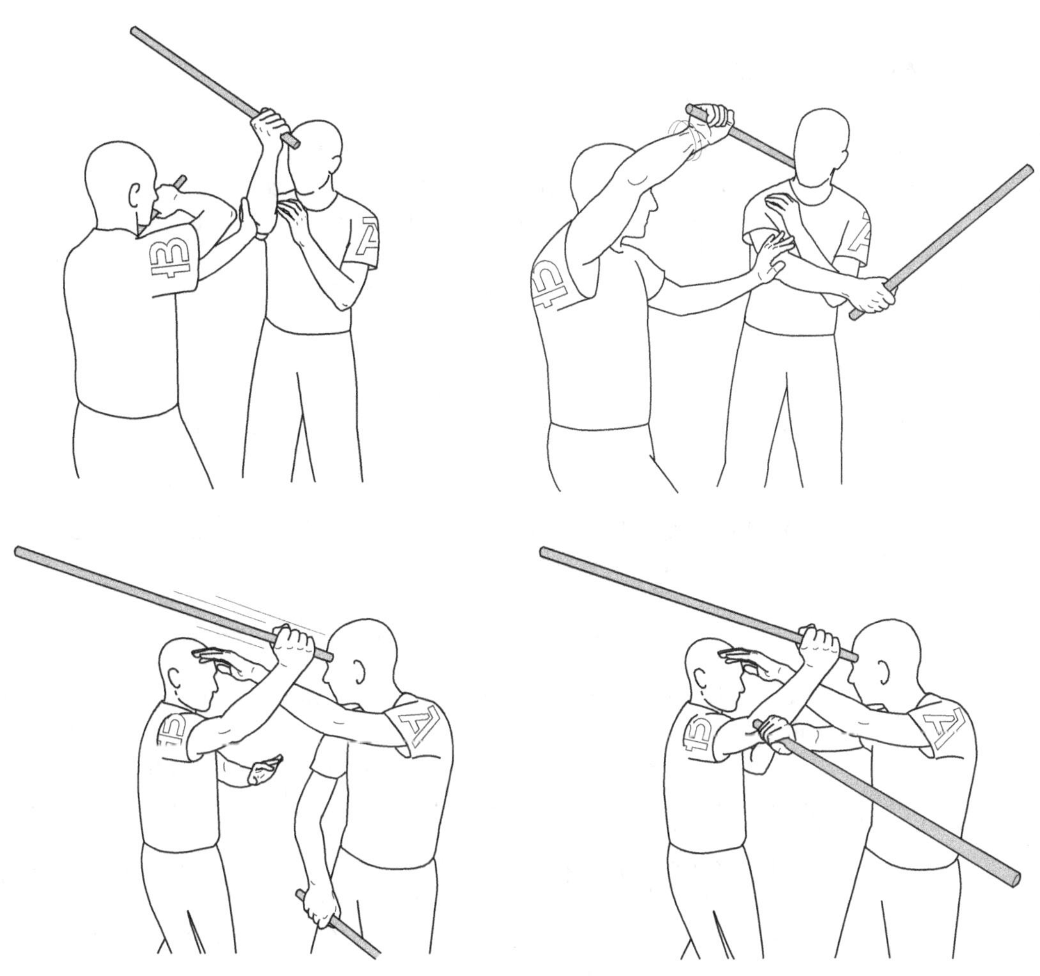

Une autre variation, peut être de laisser passer la première attaque plutôt que de l'intercepter :

    1. A sert angle 1 en attaque Punyo

    B utilise un déplacement Retirada en retirant sa jambe droite tout contrôlant l'attaque de A avec son Check, plaçant sa main non armée sur le dos de la main armée de A et en accompagnant son mouvement.

    2. B utilise à nouveau Retirada pour re-rentrer dans la distance (avance pied droit) et servir une attaque Punyo au visage

    A contre avec son bras non armé au niveau du poignet…

Les variations rompent la monotonie du drill et l'enrichissent techniquement sans pour autant stopper celui-ci.

Les finalisations, comme l'exécution d'un désarmement ou d'un contrôle avec amenée au sol, mettent quant à elles fin au drill.

ENCHAÎNER LES DRILLS

Un exercice très intéressant, qui permet notamment de garder les deux partenaires focalisés, tout en proposant des changements de distance et de techniques, est d'enchaîner plusieurs drills. Quand les deux partenaires connaissent et ont exercé un certains nombre de drills, ils peuvent choisir librement d'en associer certains pour former un motif plus long et plus complexe, une sorte de 'super drill'.

EXEMPLE

Box Drill / Punyo Sumbrada / Box Drill / Hubud Lubud / Box Drill / Punyo Sumbrada...

Cet enchaînement de trois drills offre l'avantage de faire travailler plusieurs distances et d'obliger les partenaires à rester dans l'instant présent :

A et B servent Box Drill (distance Medio Contrada) et le font tourner plusieurs fois.
C'est A qui va d'abord assurer la transition vers un autre drill, en l'occurrence Punyo Sumbrada.
Pour cela, alors que c'est son tour de servir un angle numéro 1, il va armer un numéro 3 et grignoter de la distance (Retirada Caballero) pour lancer le drill Punyo Sumbrada.
Après l'avoir fait tourner quelques fois, c'est à B de choisir le moment où il va ressortir (en armant un large numéro 1) pour revenir au Box Drill.
A et B assurent chacun leur tour la transition entre les drills, avec le Box Drill comme motif central de l'exercice.

Dans un premier temps les transitions sont marquées par de larges armés de façon à ce que le partenaire identifie bien la transition. On peut par la suite gommer cet appel.

IV. Désarmements

Si votre adversaire a une arme, un bon moyen de prendre l'avantage dans le combat qui vous oppose est de la lui enlever. Il existe de nombreux désarmements, et certaines écoles en enseignent une multitude… et pourtant présentent cela comme une richesse technique inapplicable en combat réel…

Mes deux sous quant à cette position : un désarmement enseigné (comme toutes les techniques enseignées d'ailleurs) dans une école d'arts martiaux doit pouvoir être applicable en situation réelle, ou abandonné.

Venir chercher l'arme ou la main de l'adversaire pour le désarmer alors qu'il continue de tenter de vous blesser est effectivement une manœuvre délicate (sinon dangereuse). Elle nécessite donc, à mon humble avis, d'être très entraînée afin d'être effectuée avec fluidité, précision et engagement, et cela de manière opportune. J'insiste sur ce principe d'opportunité. Un désarmement, comme une clé, ne fonctionne pas parce que l'on veut le placer, mais parce qu'on a l'opportunité de le faire à un moment du combat (de par le placement de son adversaire et le sien propre par exemple). C'est une notion importante. Il conviendra donc de réévaluer graduellement son entraînement avec son partenaire vers une mise en situation plus réaliste, intégrer 'physiquement' les grands principes du désarmement, et peut être ne conserver qu'une poignée de techniques de désarmements sur le panel proposé, afin de s'assurer que l'on peut être efficace.

Il est aussi important, puisque le bâton représente une lame longue (machette, épée, etc…) dans beaucoup d'exercices, de tenir compte de cette spécificité lors du désarmement. Contre un bâton (manche à balai, pied de chaise, bâton télescopique) on peut sans danger saisir l'arme à pleine main sur toute sa longueur. Il en va bien évidemment différemment avec une lame.

On ne peut aller plus loin sans citer les deux désarmements les plus simples, pas 'spectaculaires', mais qui ont fait leurs preuves :
— une frappe puissante à la main armée de l'adversaire
— une frappe puissante à la tête

Maintenant nous allons vous présenter d'autres techniques…
Comme pour l'apprentissage des déplacements, on commence par isoler le désarmement pour le travailler et en comprendre les principes et la mécanique. Il va de soi qu'il est ensuite intégré dans un exercice dynamique pour le rendre plus pertinent et efficace.

DÉSARMEMENTS CONTRE ANGLE 1

CLÉ DE POUCE

Distance Medio Contrada
A sert une attaque angle 1
B contre pointe en haut et check
Depuis le Check, B vient couvrir la partie charnue du pouce (éminence thénar)
de A, et va ainsi pouvoir effectuer une clé de pouce. Il exerce alors une torsion
sur le bras de A jusqu'à amener son petit doigt vers le plafond

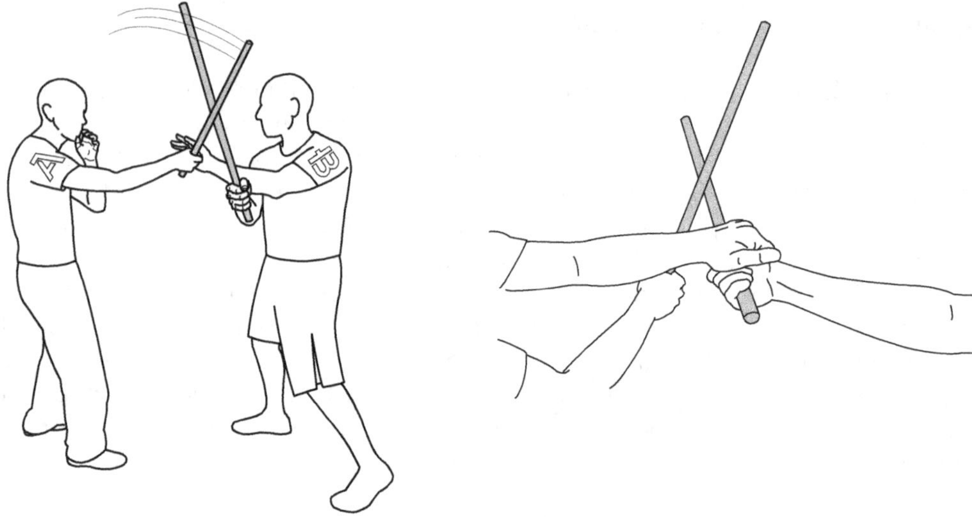

La subtilité de prendre le contrôle de la partie charnue du pouce est primordiale.
Plus bas, au poignet, A conserve une bonne partie de la mobilité de sa main, et cette
'empoignade' tourne vite à l'avantage du plus fort. Plus haut sur la main, B risque de
se couper si l'arme est tranchante. Et surtout, s'il saisit toute la main, il va verrouiller
les doigts, ce qui rendra tout désarmement plus ardu. Le pouce et donc son meilleur
atout pour 'ouvrir la porte' qui lui donnera accès à l'arme.

Une fois le contrôle assuré, le désarmement va être le produit de deux forces
antagonistes. Ici : tirer / pousser.

B, comme s'il voulait porter une attaque en Punyo, vient au contact du stick
de A avec sa main armée.
B va tirer la main de A dans un sens et pousser sur le stick de A dans l'autre.

Cette poussée doit se faire au plus près de la main, toujours, et de façon à ce
que l'arme bascule dans le sens d'ouverture des doigts, et non de la ramener vers la
paume. On exerce alors une pression suffisante pour dégrafer l'arme, tout en tirant
sur la main.

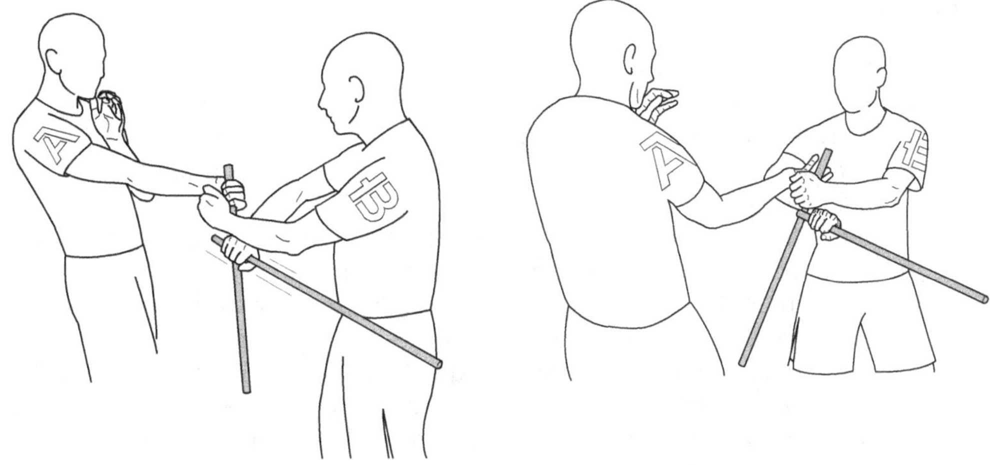

La réussite du désarmement tient à trois facteurs (en laissant de côté le sens du timing et de l'opportunité d'une situation réelle) :

— ouverture de la préhension par le contrôle sur le pouce.

— déstructuration de A, par la torsion du bras (jonction main/poignet -> articulation du coude -> articulation de l'épaule -> structure du corps).

— coordination des deux forces antagonistes : poussée sur l'arme au plus près de la main pour la dégrafer, et traction sur la main.

Il s'agit là d'un désarmement 'à perte', puisque B désarme mais ne s'empare pas de l'arme de A.

Variation I : au lieu de venir dégrafer avec le Punyo, on utilise une attaque en pique à l'abdomen de A pour prendre contact.

Variation II : avec Punyo encore, mais au niveau du Punyo de A. C'est le même désarmement mais on dégrafe par-dessus en menaçant la tête de A avec la pointe du stick.

Désarmements Angle 1

Ciseaux

Distance Medio Contrada
A sert un angle 1
B contre pointe en haut et check
B effectue un déplacement en triangle vers l'extérieur, tout en laissant glisser sa main vide depuis son Check vers la pointe du stick de A — il est important de garder le contrôle du stick adverse, c'est ce qui permet de libérer son propre stick après le contre, pour pouvoir contre-attaquer.
Simultanément B porte une attaque au coude de A par en-dessous (les anglais appellent ce point 'funny bone'… vous verrez vite pourquoi) et laisse poursuivre le mouvement de son arme pour qu'elle se pose sur l'avant-bras de A.
B va ensuite désarmer A par un mouvement de cisaillement. Il monte la main qui tient son arme et descend la main qui tient l'arme de A. Il applique des forces antagonistes.

À la fin de ce désarmement, B a non seulement enlevé son arme à A, mais il dispose maintenant d'un bâton dans chaque main.

On distingue les désarmements à perte de ceux où l'arme de l'adversaire est récupérée et immédiatement disponible.

L'une des clés pour réussir ce désarmement tient au déplacement en triangle. Ce dernier permet de se placer idéalement pour utiliser le bras de l'adversaire comme point d'appui pour faire levier.

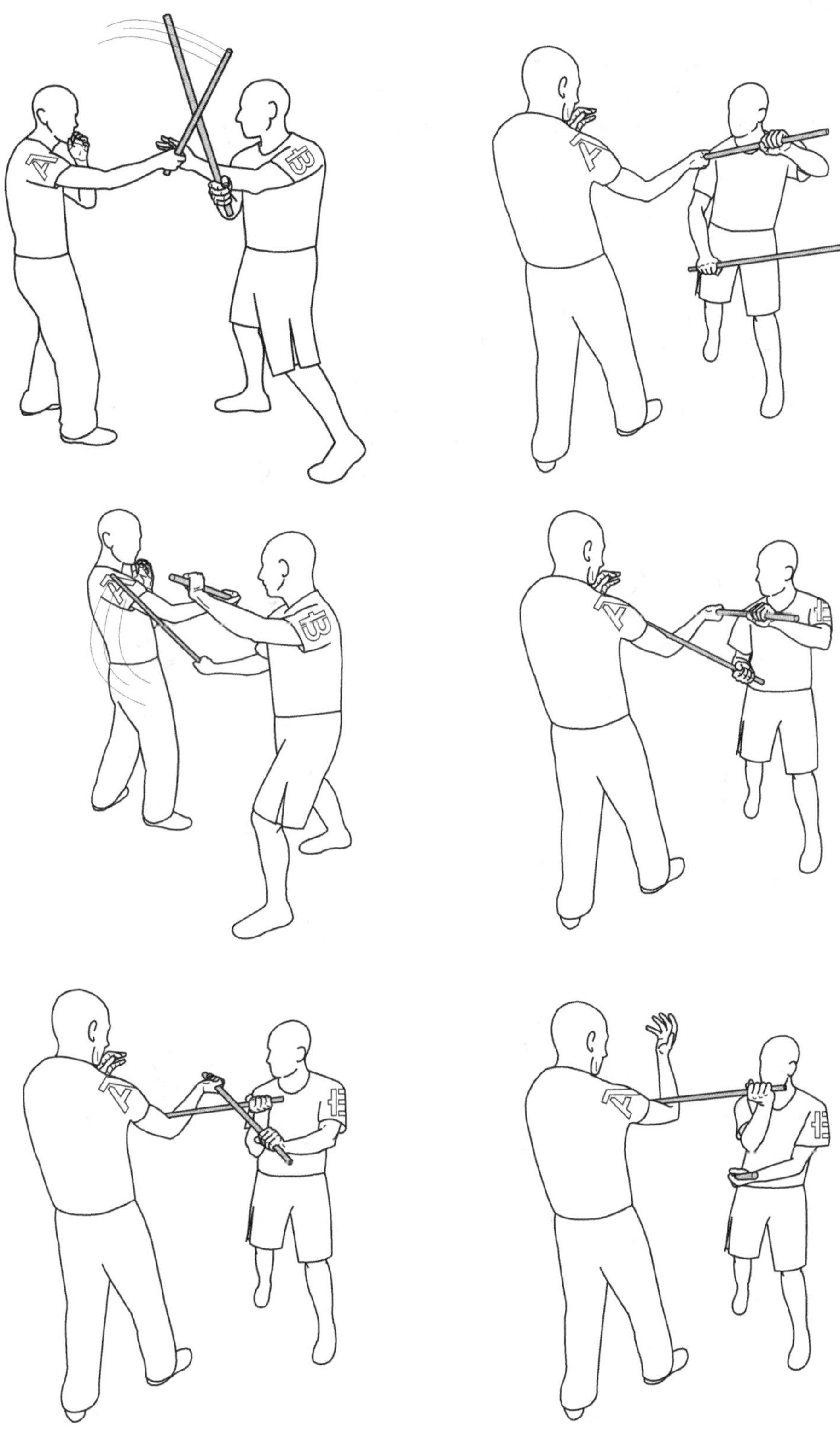

SNAKE

Le Snake (serpent en anglais) est une prise de contrôle du bras adverse. Pour visualiser ce mouvement, imaginez que votre main est la tête du serpent, votre avant-bras son corps, et le bras de votre partenaire une branche d'arbre. Le serpent va s'enrouler autour de la branche en direction du tronc.

Distance Medio Contrada
A sert un angle 1
B contre pointe en haut et Check
Depuis son Check, B effectue un Snake
B sert une frappe angle 4 Lobtik
B vient percuter l'avant-bras armé de A avec le sien, en appuyant son mouvement avec du Torque. S'il laisse cette attaque suivre son cours, la pointe du stick de B impacte simultanément la tête de A. (On prendra soin, à l'entraînement, de contrôler ou de porter les protections adéquates.)

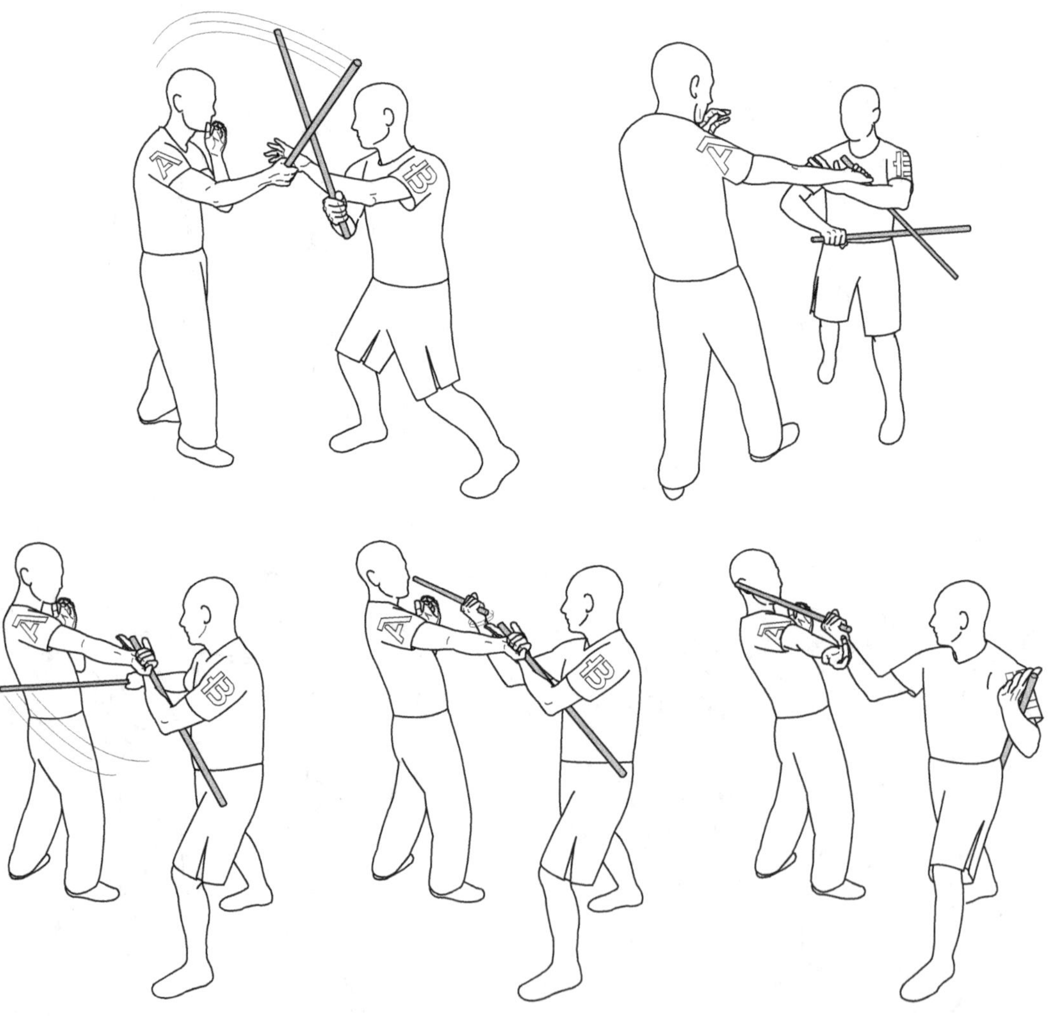

SNAKE 2

Distance Medio Contrada
A sert un angle 1
B contre pointe en haut et check
B effectue un Snake avec son stick : menace de pique à l'abdomen avec la pointe de son stick
B enroule en venant coller son poignet au poignet de A
B amplifie sa torsion pour dégrafer le stick

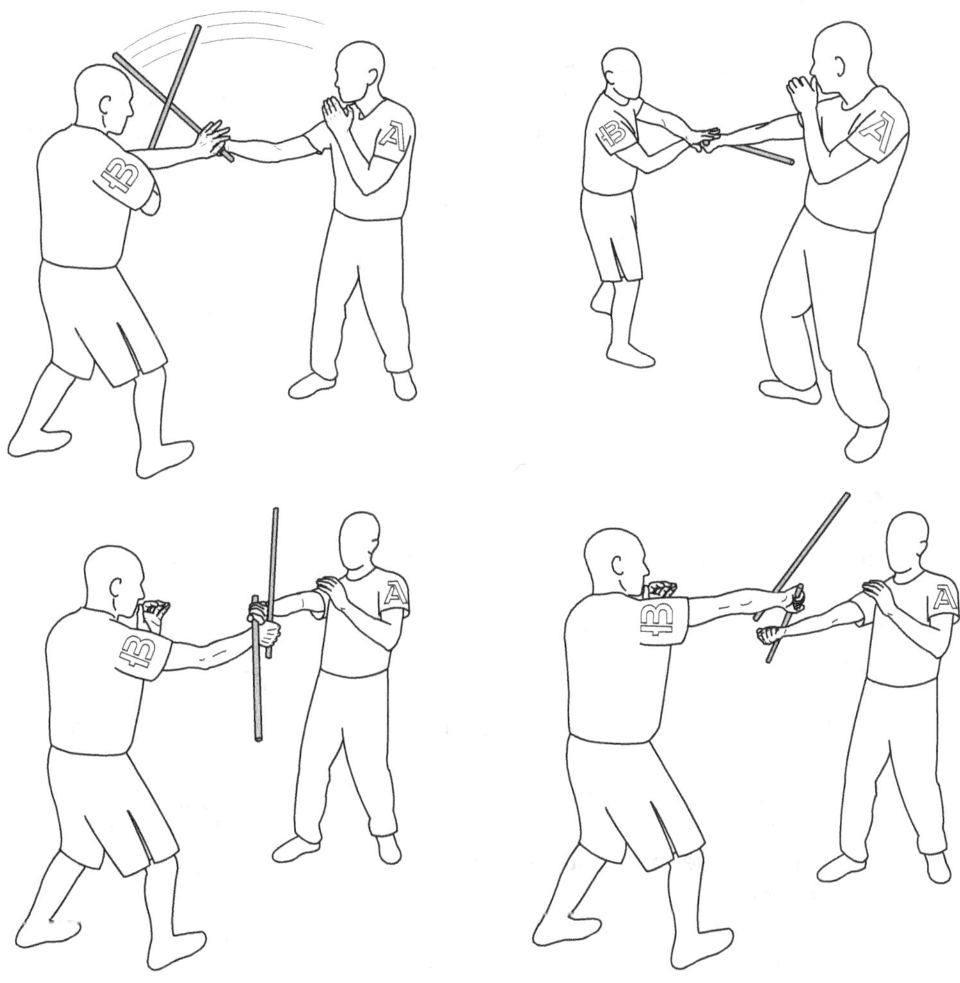

Variante : Une fois la clé du Snake verrouillée, B porte un coup de poing direct au visage avec sa main non armée. Quand il ramène son bras, il saisit son stick et le ramène vers lui, provoquant le désarmement. (C'est une option, si la première version coince.)

DÉSARMEMENT 5

Distance Medio Contrada
A sert un angle 1
B contre pointe en bas et check
B saisit le stick de A au plus près de la main, tout en effectuant une torsion pour amener le petit doigt de vers le plafond
Simultanément B porte un coup de Punyo au visage de A
B enchaîne quelques frappes pour amener son stick en bas
B descend le stick de A et monte le sien pour percuter au niveau du poignet et récupérer l'arme

Il est intéressant de placer des frappes alors qu'il faut déplacer le stick dans la position adéquate au désarmement. C'est même fondamental dans une situation réelle, où l'opportunité d'enlever son arme à l'adversaire sera conditionnée par des frappes préalables.

Quand A reçoit une frappe au visage, ou est 'occupé' par la menace d'une frappe (comme dans les désarmements précédents), il est beaucoup moins disponible pour résister à la torsion de son bras ou la saisie de son stick.

DÉSARMEMENT 6

Ce désarmement est très proche du précédent, à l'exception de la finalisation.

Distance Medio Contrada
A sert un angle 1
B contre pointe en bas et check
B saisit le stick de A au plus près de la main
B sert simultanément des frappes pour amener son stick en bas
B amène par une torsion le petit doigt de A vers le ciel
B, en remontant, vient accrocher son Punyo sur le poignet de A
B pousse en remontant son avant-bras armé (comme pour donner un coup de poing plongeant), tout en tirant sur le stick de A, selon le principe des forces antagonistes

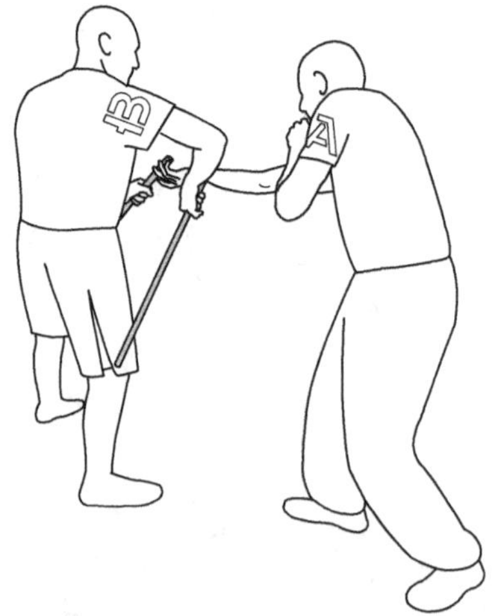

Désarmement 5

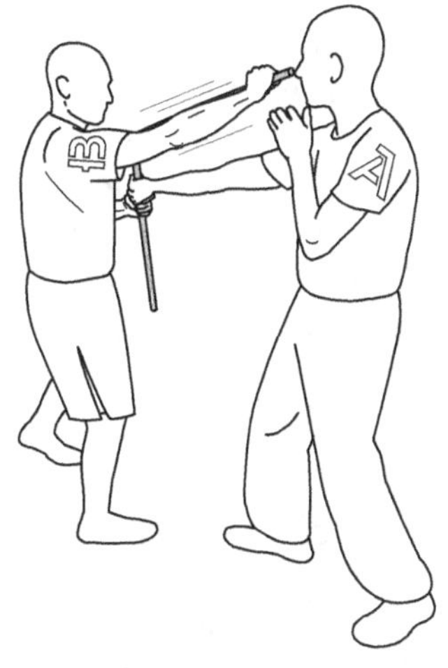

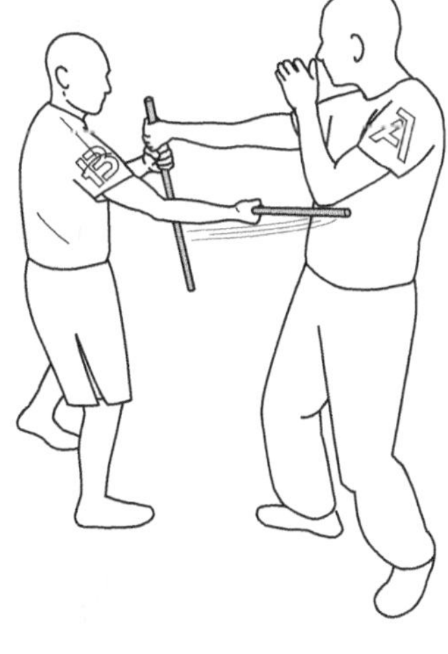

DÉSARMEMENT 7

Distance Medio Contrada
A sert un angle 1
B contre pointe en bas et check
B saisit le stick de A au plus près de la main et exerce une torsion jusqu'à amener le petit doigt de A vers le plafond
B tire sur le stick de A et vient percuter le poignet de A par en dessus avec sa main armée tout en plaçant un Abaniko à la tête

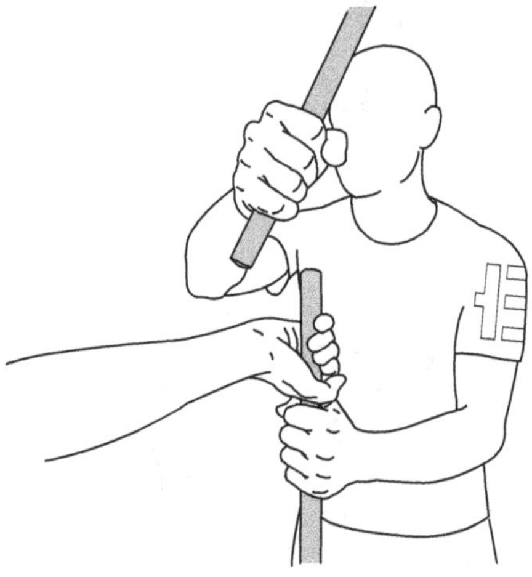

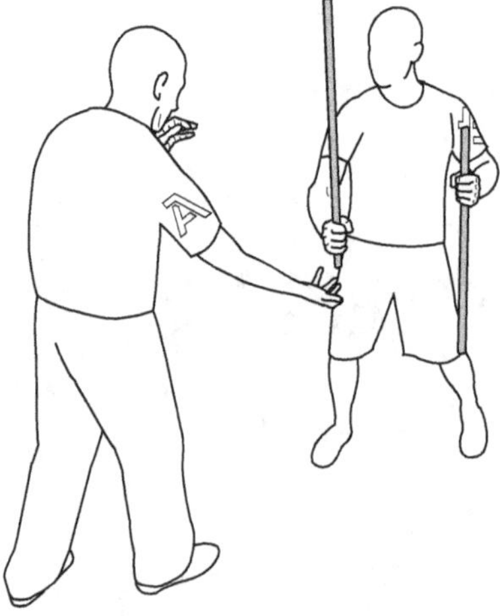

DÉSARMEMENT CONTRE ANGLE 2

CLÉ DE POUCE

Distance Medio Contrada
A sert un angle 2
B contre et check
B sert une pique à la gorge et, depuis le check, saisit la partie charnue du pouce de A
B vient placer son poignet armé contre le stick de A au plus près de sa main
B dégrafe le stick en tirant sur la main de A et poussant avec son poignet sur le stick de A

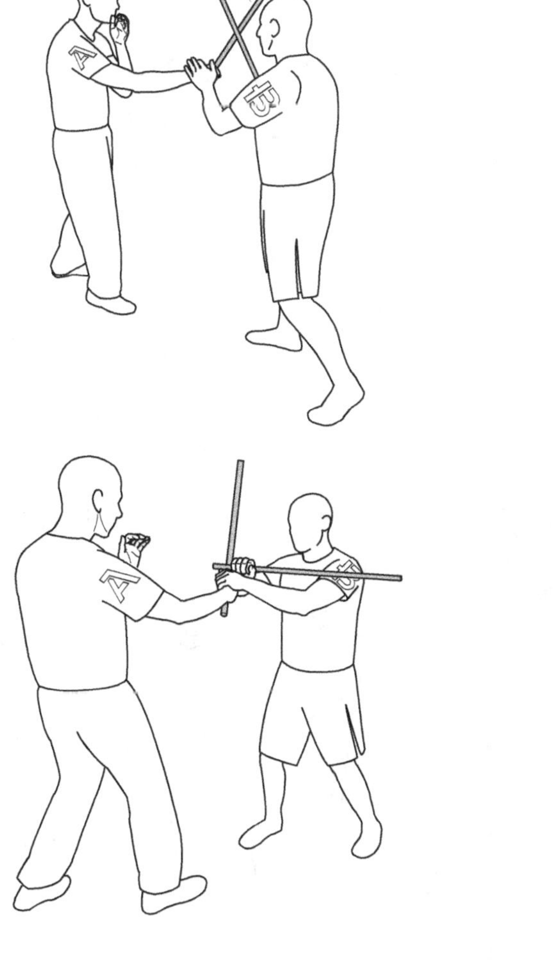

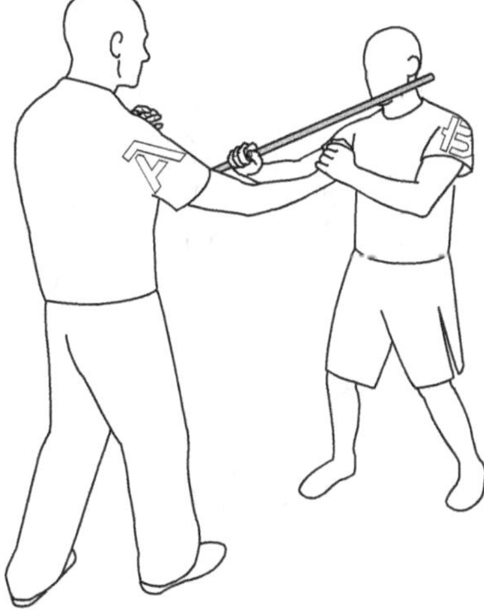

SNAKE INVERSÉ

Distance Medio Contrada
A sert un angle 2
B contre et check
B amorce une menace de pique à l'abdomen et dans la continuité du geste vient faire un Snake avec sa main armée
B dégrafe le stick de A avec sa main non armée

Variation I : dès qu'il a le contrôle du bras avec son Snake, B pivote sur l'extérieur. Il percute le bras de A avec son avant-bras non armé juste au-dessus de l'articulation du coude. Sous l'effet violent de la clé de bras, A lâche son arme. À l'entraînement on prendra soin de venir pousser sur l'articulation du coude avec la paume de la main pour préserver son partenaire.

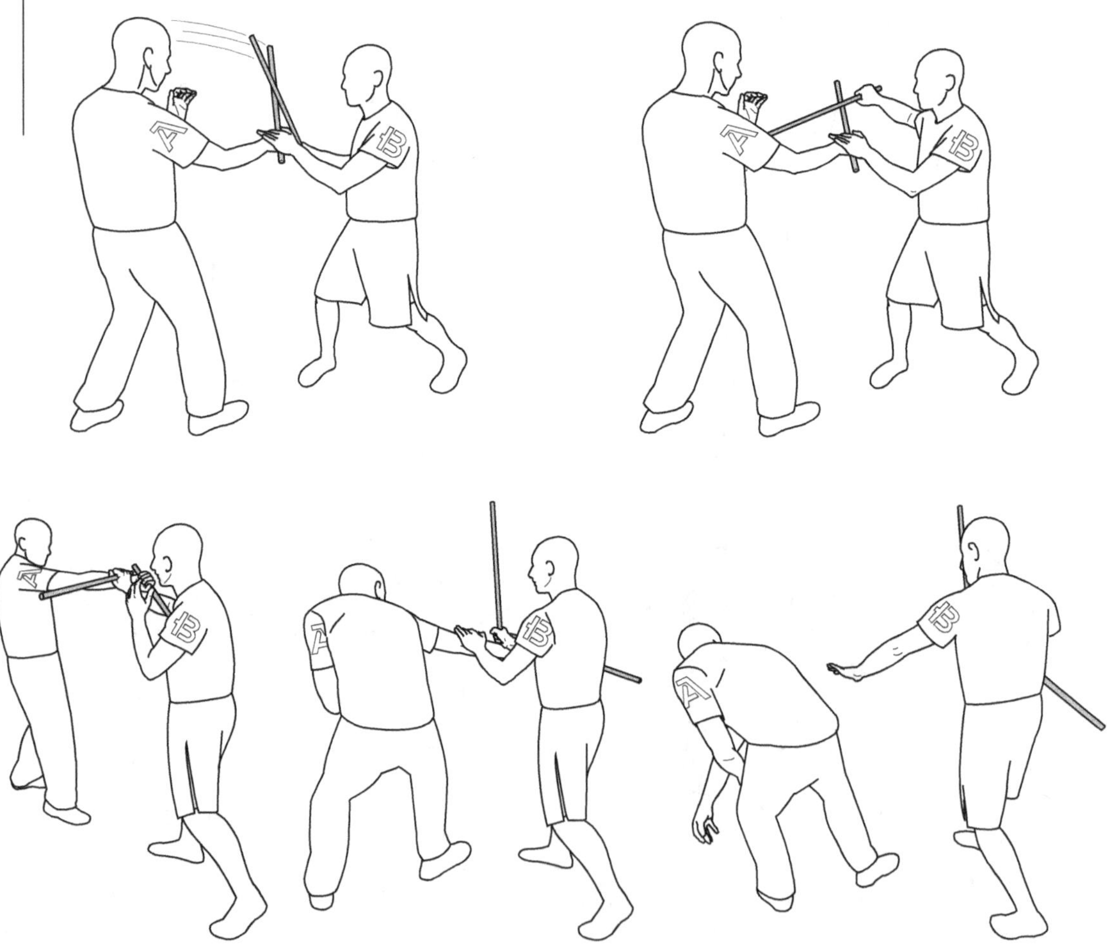

SNAKE

Distance Medio Contrada
A sert un angle 2
B contre et check
B prend le contrôle du bras de A par un Snake avec sa main non armée (rester au niveau du poignet pour ne pas verrouiller le bras)
B vient par-dessus (côté Punyo) faire un mouvement de cisaillement avec sa main armée.
Le Snake pousse d'un côté, l'angle poignet/Punyo pousse de l'autre, A est désarmé.

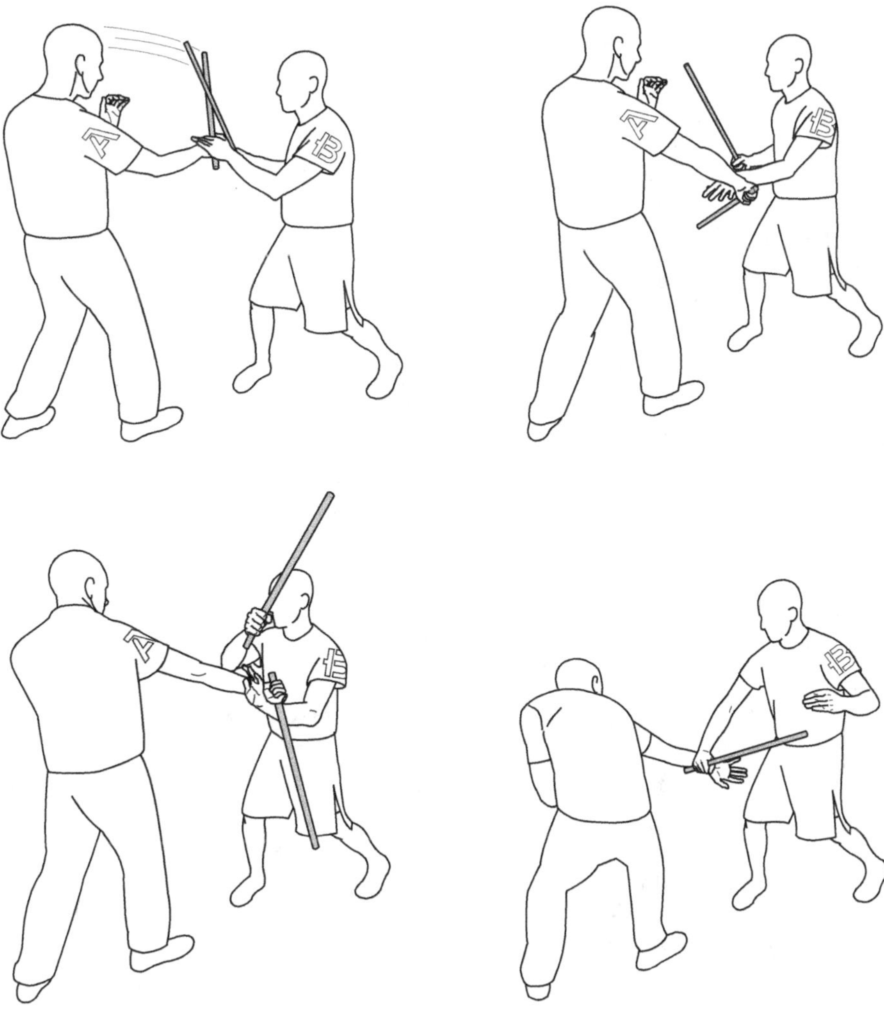

DÉSARMEMENT CONTRE ANGLE 5

DÉSARMEMENT 1

Distance Medio Contrada
A sert une pique angle 5
B contre pointe en haut et check
B attrape le poignet de A et passe son stick dans l'espace entre son bras et le stick de A pour venir pouce contre pouce
Avec une torsion de son poignet, B dégrafe le stick de A

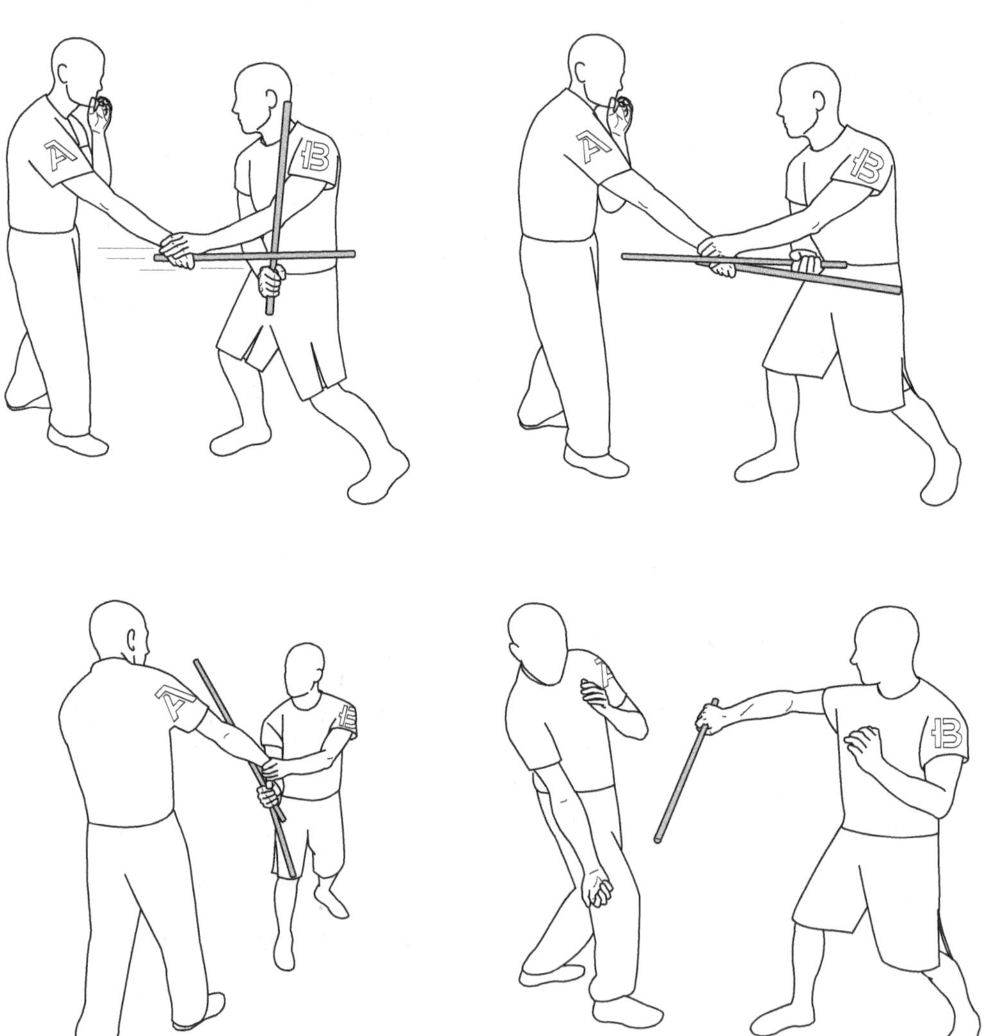

DÉSARMEMENT 2

Distance Medio Contrada
A sert une pique angle 5
B contre pointe en bas et check
Depuis son Check B vient saisir le stick de A
B tire sur le stick tout en percutant la main de A par-dessus, à l'entraînement
avec son poignet… sinon avec son Punyo

V. APPLICATIONS

Les applications, ou confrontations, sont des exercices à deux, parfois plus, assez classiques dans la plupart des arts martiaux. Un eskrimador exécute une attaque donnée, ou un enchaînement donné, et son partenaire doit réagir selon un certain nombre de directives indiquées par l'enseignant. On peut ainsi mettre en œuvre plusieurs éléments dans le même exercice : notion de distance, timing, déplacement, qualité du contre, opportunité et précision des contre-attaques, jusqu'au désarmement et/ou l'amenée au sol. Et bien que l'on puisse y mettre intensité et détermination, nous ne sommes pourtant pas encore dans le sparring ou le combat. Les partenaires sont dans un contexte 'confortable' et sécurisé d'un exercice dont les paramètres sont connus, ce qui leur permet de se concentrer sur la qualité technique, et parfois des enchaînements complexes.

Pour les exemples d'applications qui suivent, on présuppose que les partenaires A et B sont tous les deux armés d'un stick tenu main droite. Il est néanmoins recommandé de faire aussi travailler le côté gauche, en adaptant l'exercice, ne serait-ce que pour tenir compte des élèves gauchers.

CONTRE ET CONTRE-ATTAQUES DISTANCE MEDIO CONTRADA

A et B se font face à une distance où ils peuvent tous deux toucher de nombreuses cibles. Les contres en blocage sont pertinents et l'on peut aussi effectuer un Check.

C'est une distance de travail resserrée où l'on pourrait être tenté de se déplacer (avec un Retirada arrière par exemple) pour gagner de la place. Mais l'on va justement demander au pratiquant de travailler De Fondo, de rester sur place. Et ce pour développer l'aisance technique du pratiquant malgré le raccourcissement des mouvements, mais aussi pour garder toutes les options de contre-attaque disponibles.

On distingue les Réactions Immédiates, variétés de contre-attaques (frappe à la main, frappe à la tête, pique…) qui suivent directement la défense et peuvent à elles seules assurer la fin de l'affrontement par la mise hors combat de l'adversaire, des Réactions Complémentaires qui viennent enrichir les options (désarmement, redirection du bras, clé,…) sans être essentielles.

RÉACTION IMMÉDIATE 1 : CONTRE-ATTAQUE SUR LA MAIN

Distance Medio Contrada, A et B se font face en garde
A sert une frappe Angle 1
B contre et check
B utilise son Check pour acheter de la distance en poussant la main armée de A
B sert une frappe sur la main de A

On va décliner l'exercice sur les 5 premiers angles d'attaque sur un principe de 'à toi à moi'.

RÉACTION IMMÉDIATE 2 : CONTRE-ATTAQUE À LA TÊTE

Même exercice, mais B contre-attaque avec une frappe à la tête de A, en utilisant éventuellement son Check avec un appui (pas une saisie) pour dégager l'arme de A du chemin.

Ici encore, et pour tous ces exercices, on va décliner sur les 5 premiers angles d'attaque sur un principe de 'à toi à moi'.

Réaction Immédiate 3 : Multiples contre-attaques au corps

Même exercice mais B effectue de multiples contre-attaques (3 à 5 frappes) au corps en essayant de varier les cibles et les hauteurs. Il va aussi s'efforcer d'enchaîner de manière fluide et logique. Par exemple :

Distance Medio Contrada
A sert angle 2
B contre et check
B enchaîne angle 3 à l'abdomen, angle 2 à la cuisse et angle 1 à l'épaule

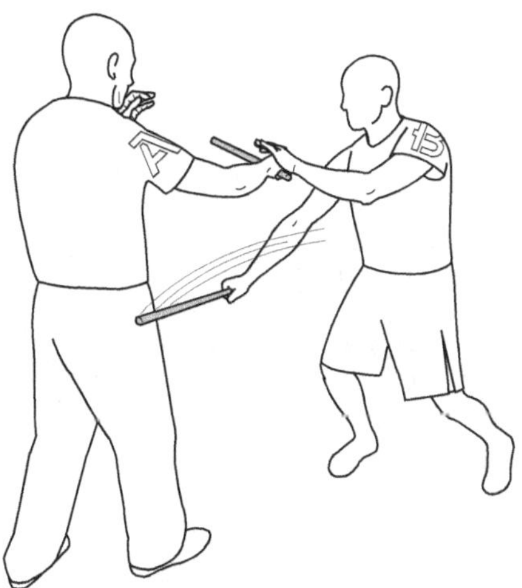
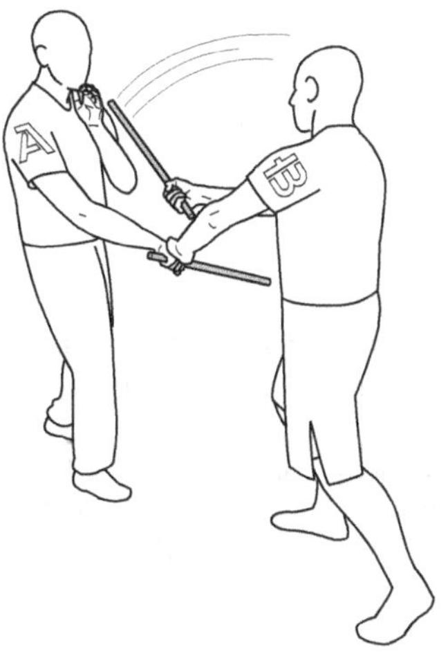

Réaction Immédiate 4 : Contre-attaque avec le Punyo

Même exercice, mais B va venir percuter avec son Punyo. Pour une frappe à la main, il peut rester sur place. Mais pour une frappe au corps ou à la tête il doit faire un déplacement (pas ou demi-pas) et entrer dans la distance.

Pour l'exercice, sur un principe de 'à toi à moi', si B est entré avec un demi-pas, il ressort avec un demi-pas avant de servir. S'il est entré avec un pas, il ressort avec un pas. On entraîne ainsi la capacité à entrer et la capacité à ressortir.

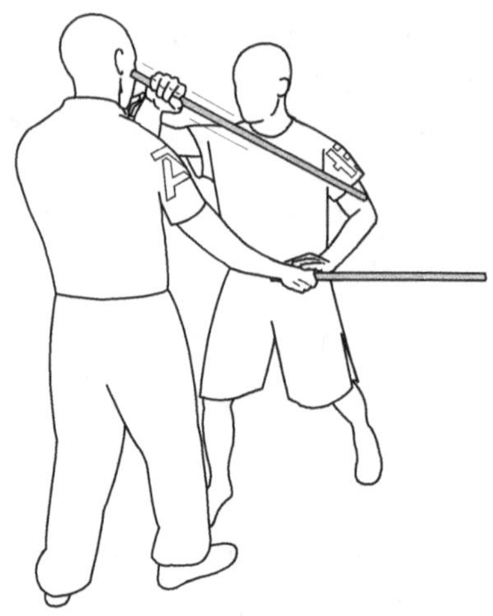

Réaction Immédiate 5 : Contre-attaque avec une arme naturelle

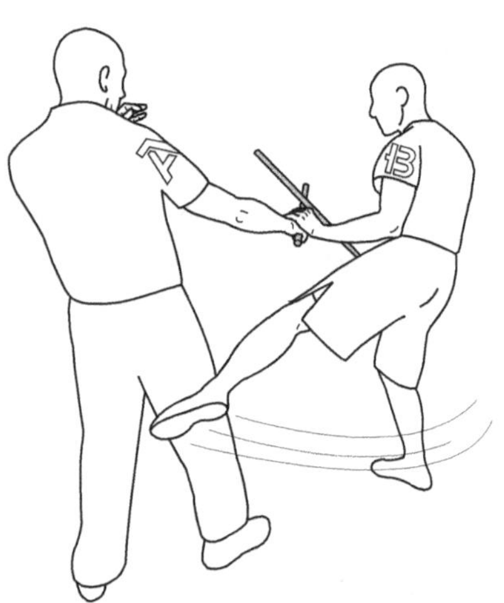

On va cette fois-ci proposer une contre-attaque avec la main non armée ou une jambe. Comme pour le Punyo, si un déplacement est nécessaire on va l'effectuer, en prenant soin de revenir ensuite à distance avec le même déplacement (pas ou demi-pas).

Réaction Immédiate 6 : Contre-attaque avec Abaniko

Même exercice, mais B effectue un Abaniko. À la main, à la tête ou au corps, mais une frappe en Abaniko.

RÉACTION IMMÉDIATE 7 : CONTRE-ATTAQUE AVEC UNE PIQUE

Rappel du travail avec une lame longue, B va cette fois-ci contre-attaquer avec une pique.

Bien que cela puisse paraître moins pertinent avec un bâton, on conserve ce travail de pique, quelle que soit la zone ciblée.

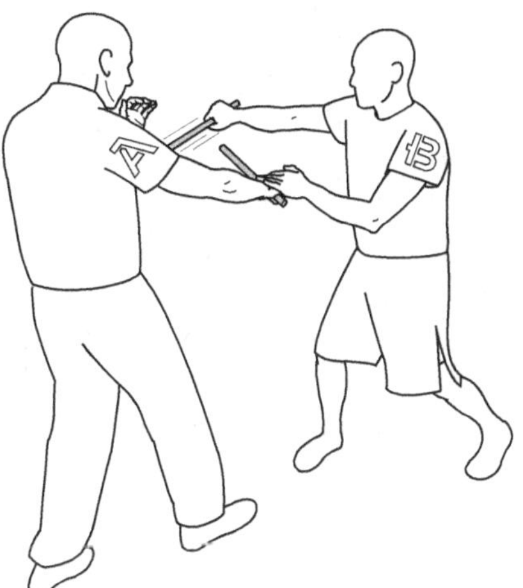

RÉACTION IMMÉDIATE 8 : CONTRE-ATTAQUE AVEC DOS MANOS

Même exercice, mais B saisit son bâton à deux mains pour percuter sa cible. Là encore il peut être nécessaire d'effectuer un déplacement. Et de travailler le retour avec le déplacement identique comme lors du travail avec Punyo.

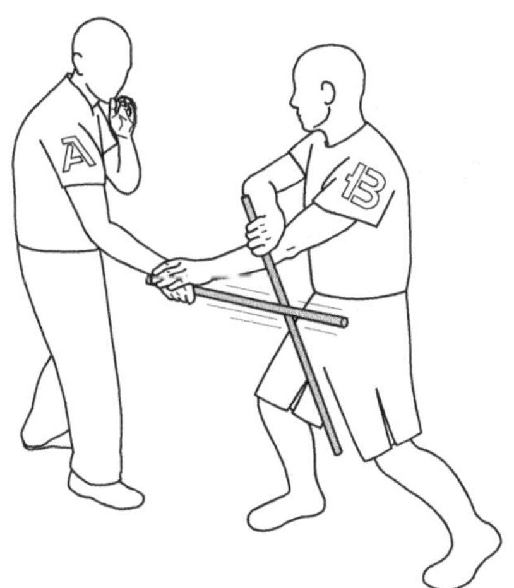

COMBINER LES RÉACTIONS IMMÉDIATES

On a donc huit variantes de réactions immédiates. Afin de les rendre encore plus fonctionnelles on va proposer aux pratiquants, toujours dans un exercice 'à toi à moi' en réaction à une attaque sur les angles 1 à 5, de combiner deux, trois ou quatre de ces possibilités. Par exemple :

A sert une attaque angle 3
B contre et check
B pousse la main de A et la percute avec son stick
B enchaîne avec trois attaques au corps
B saisit son stick à deux mains et avec un demi-pas vient percuter la gorge de A
B ressort de la distance avec un demi-pas

Il faut chercher à produire des enchaînements logiques et cohérents tout en étant créatif. On va notamment éviter de multiplier trop de déplacements, en entrant et sortant de la distance plusieurs fois.

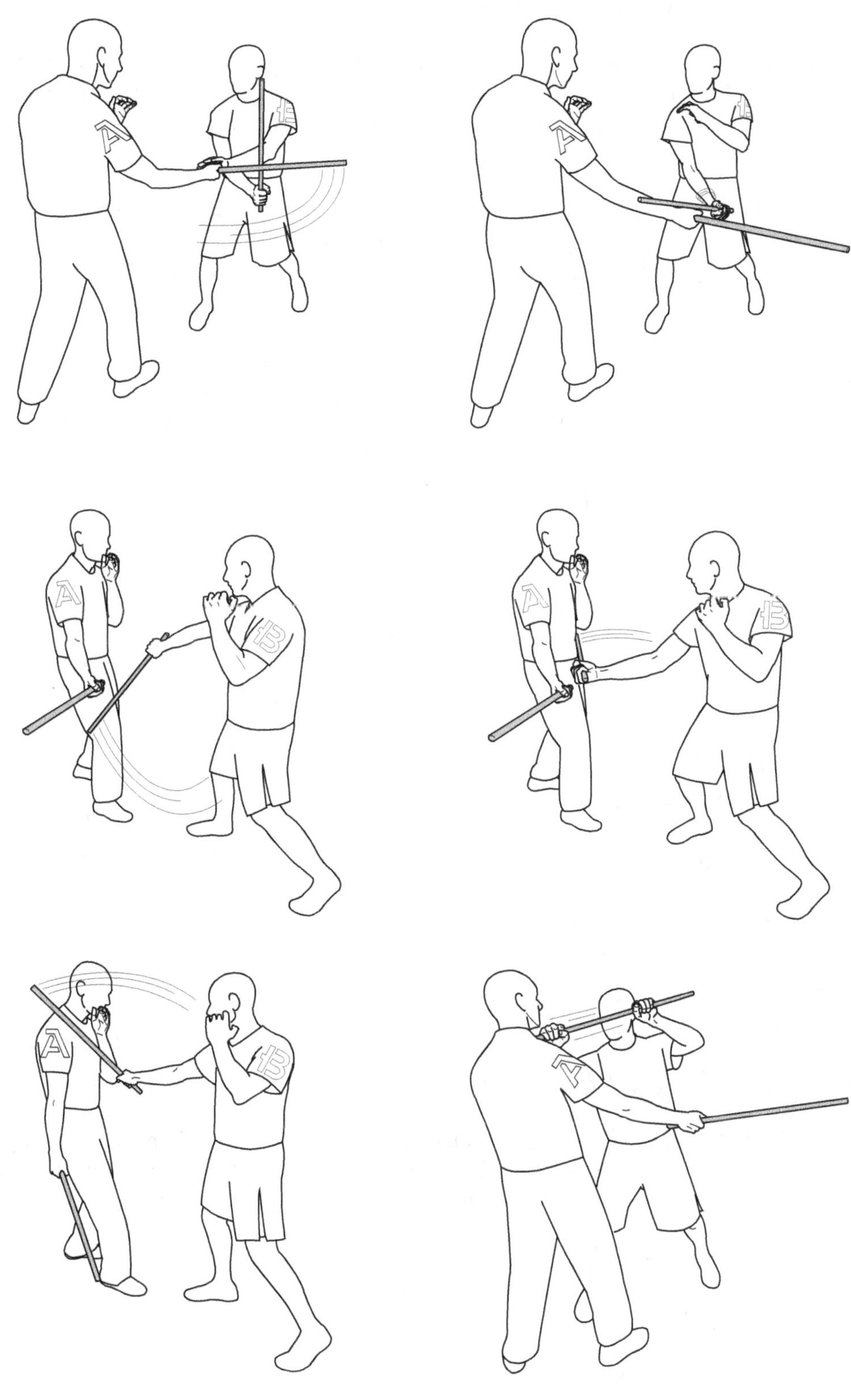

RÉACTIONS COMPLÉMENTAIRES

Dans une contre-attaque construite, une réaction complémentaire fait suite à une, deux ou trois réactions immédiates. On va toujours chercher à produire une réaction immédiate… la réaction complémentaire est un plus.

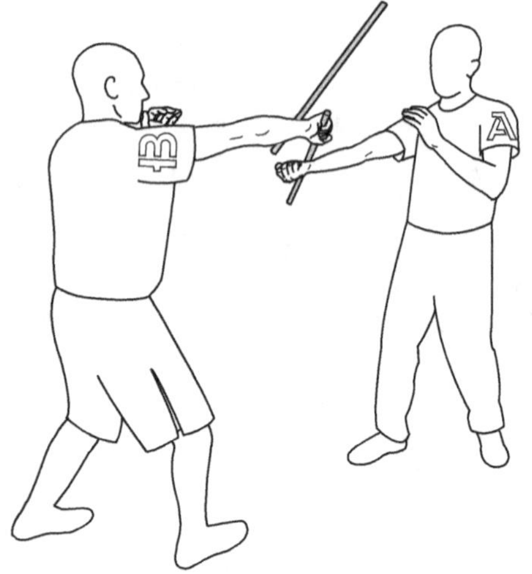

Dans un premier temps on va travailler l'exercice en isolant la réaction complémentaire, tout en gardant à l'esprit la règle fondamentale précédente.

Pour l'exercice, A et B se font face en garde, à distance Medio Contrada. A sert 1, B contre et effectue la réaction complémentaire. B sert 1, A effectue la réaction complémentaires. A sert 2… 'À toi à moi' sur les angles 1 à 5.

1. Désarmement

2. Redirection

Après le contre de l'attaque de A, B prend contact avec le bras de A, avec son bras armé ou avec sa main non armée, et le redirige pour se créer des options et éventuellement fermer certaines des siennes.

3. Contrainte Articulaire

Dans un contexte de combat armé, on va placer une contrainte articulaire pour manipuler l'adversaire afin notamment qu'il offre des cibles qu'il ne peut pas protéger.

COMBINER RÉACTIONS IMMÉDIATES ET RÉACTIONS COMPLÉMENTAIRES

On va ensuite travailler en combinant réactions immédiates et réactions complémentaires.

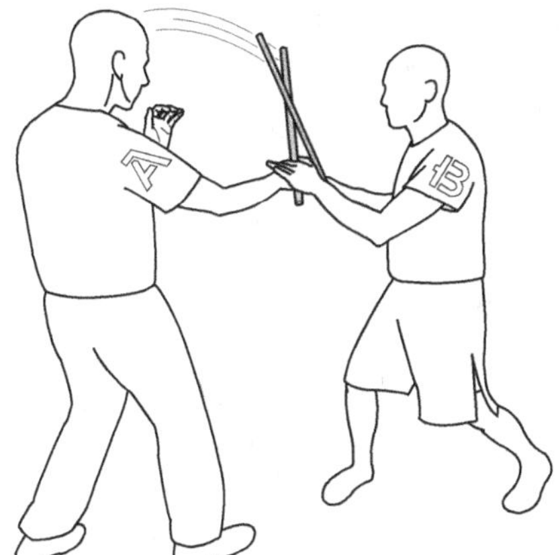

Ce travail dynamique avec un partenaire permet de développer une qualité technique dont il restera des éléments lors d'une situation dégradée d'affrontement réel. L'importance et la cohérence de ces éléments dépend bien sûr du temps et de l'application investis à l'entraînement, et donc des répétitions.

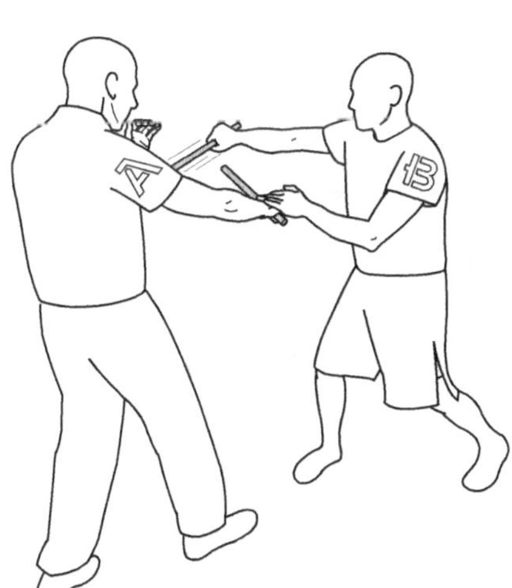

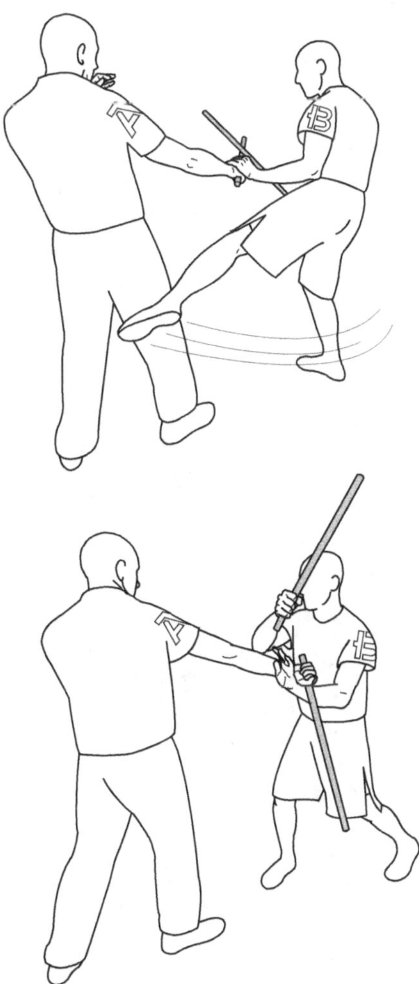

Contre et Contre-Attaques Distance Largo Mano

Quand on subit un assaut, il n'est pas opportun de rester là où l'adversaire nous espère, car il déploie toute la puissance de son attaque sur ce point d'impact. Et il sera difficile de développer un contre suffisant pour l'arrêter, au risque de prendre le coup ou d'être déstructuré et de ne pouvoir réagir aux suivants. On va donc utiliser déplacements et mobilité corporelle pour gérer l'attaque.

Triangle

Distance Largo Mano, A et B se font face en garde
A avance sur B avec un demi-pas pour venir toucher au corps avec une large attaque angle 1 Lobtik
B sort de l'axe avec un déplacement en triangle tout en exécutant une défense pointe en bas et un Check (les deux partenaires sont maintenant à distance Medio Contrada)
B enchaîne immédiatement par une frappe à la main armée de A.

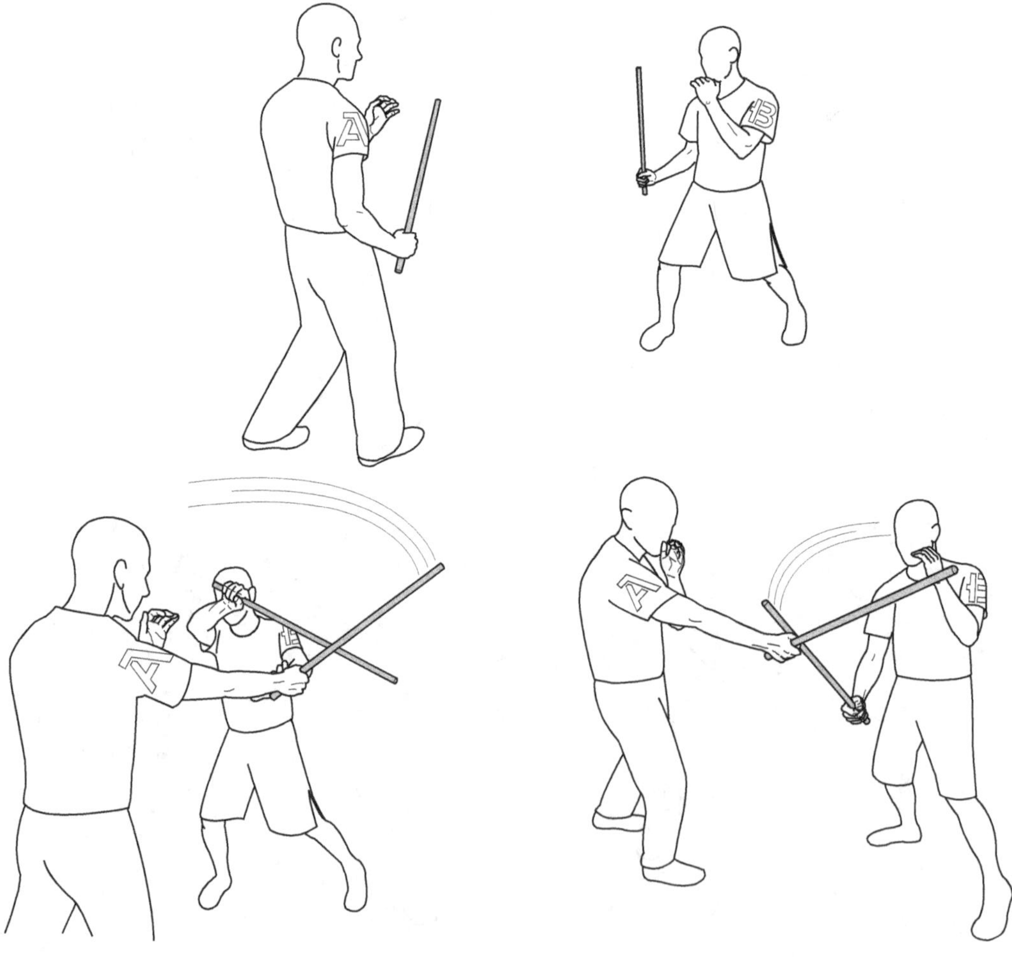

Variation 1 :
B contre-attaque avec une frappe au corps.

Variation 2 :
B contre-attaque avec une frappe à la tête.

Variation 3 :
B enchaîne 3 contre-attaques en variant les cibles et les hauteurs, les piques et les coupes.

Il est important de noter que B n'est pas statique après son premier déplacement. Il va bouger pour gérer la distance, qu'elle soit optimale pour frapper avec les 10 derniers centimètres de son arme, ou au contraire pour la réduire pour venir porter des attaques de Punyo.

Dans un concept de self-defense, où se préserver et chercher les 'portes de sortie' est capital, B va utiliser ses déplacements pour passer A tout en enchaînant ses frappes.

Il est intéressant d'effectuer des Checks avec la main non armée. Cela permet d'entraîner les frappes avec la seconde main — le fait de s'être saisi d'une arme, ne nous a pas rendu manchot pour autant ! C'est aussi un bon moyen pour vérifier la distance et contrôler la position du corps de l'adversaire, qui peut avoir effectué une technique d'esquive, ou s'être écroulé après une frappe.

Bien évidement, il faut décliner cet exercice avec les attaques dans les autres angles. Sur angle 1 et 3, le déplacement en triangle initial est intérieur. Sur angle 2 et 4, c'est un déplacement en triangle sur l'extérieur. Sur une pique en 5, on favorisera un effacement, intérieur ou extérieur.

Le choix de contrer pointe en haut ou pointe en bas, va induire une variation de la contre-attaque immédiatement disponible. Le concept important étant d'enchaîner avec la frappe la plus directe, la plus naturelle depuis la position de l'arme, sans avoir besoin de réarmer. La rapidité et la fluidité de l'eskrimador viennent du travail relâché et de l'élimination des gestes et amplitudes superflus.

PIVOT

Dans le travail précédent, on choisit délibérément de casser la distance ou, plus simplement, d'avancer sur l'attaque.

Ici, on va sortir du rayon d'action de l'arme avec un déplacement arrière. Pour cela on peut utiliser Retirada Caballero (demi-pas), Retirada Ilustrisimo (pas), ou le pivot.

Distance Largo Mano
A avance sur B avec une large frappe en angle 1
B exécute un pivot pour sortir de l'attaque
Simultanément il laisse son stick sur la trajectoire de la main de A

Le plus important est d'exécuter, dans le bon timing, le déplacement défensif. Ce qui n'empêche pas de laisser un 'cadeau' au passage. Plus A frappe fort, plus son inertie est grande, plus il a de chance de se désarmer quand sa main va rencontrer le stick de B. Dans l'idée d'un combat avec des lames longues, c'est le tranchant de l'arme de B qui est présenté sur le chemin de la main armée de A.

Distance Largo Mano
A avance sur B avec une large frappe en angle 1
B exécute un pivot pour sortir de l'attaque
Simultanément B présente son stick sur la trajectoire de la main de A
B revient dans la distance (déplie son pivot) avec une pique à la gorge
B frappe à la jambe avec un angle 6 Lobtik
B finalise avec une frappe à la tête en angle 1

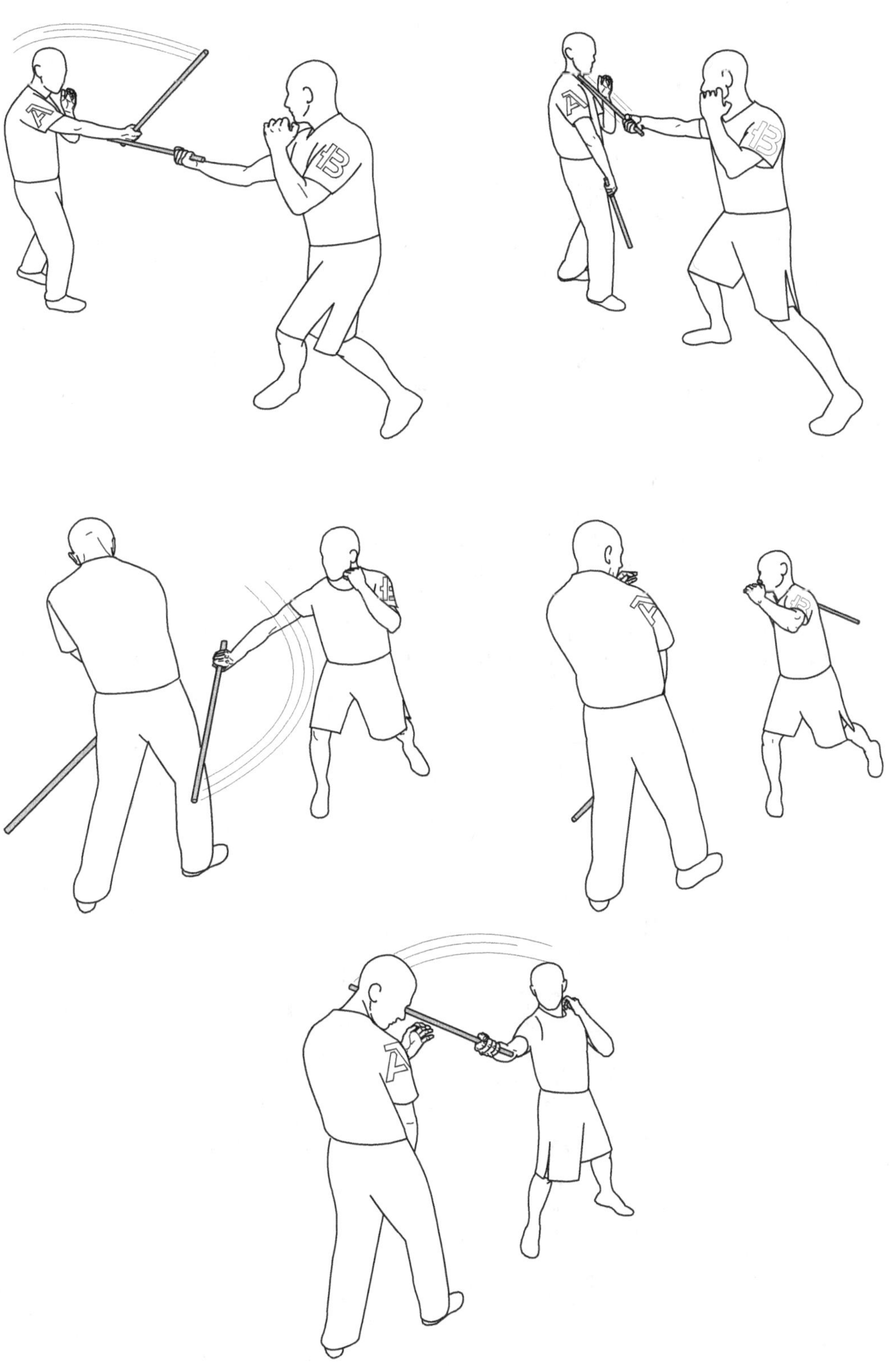

ELASTIKO

On va cette fois-ci exagérer notre mécanique corporelle dans un mouvement défensif pour sortir du rayon d'action de l'attaque.

Distance Largo Mano
A avance sur B avec une large frappe en angle 1
B esquive avec son buste en restant sur place
Simultanément il vient au contact du poignet armé de A avec son stick, avec une frappe croisée (il forme un X avec l'attaque de A)

Si dans l'esquive avec pivot on pouvait se permettre de rater la main de A, ici il est impératif de toucher, sous peine d'être totalement exposé à l'attaque suivante. Pour assurer sa sécurité, on va immédiatement enchaîner une seconde frappe à la main.

Distance Largo Mano
A avance sur B avec une large frappe en angle 1
B esquive avec son buste en restant sur place
Simultanément il vient au contact du poignet armé de A avec son stick, avec une frappe croisée
B enchaîne avec une frappe en Redondo à la main, avant que A ne revienne.
B effectue un déplacement en triangle sur l'extérieur et frappe angle 2 Lobtik à la tête
B frappe angle 7 Lobtik à la jambe
B finalise avec une frappe angle 2 Lobtik à la tête, tout en reprenant de la distance, en pivotant avec un effacement, et termine en garde Abierta

TRIANGLE VERS L'ATTAQUE

On va ici utiliser déplacement en triangle et mobilité corporelle. Le but est d'esquiver la frappe au corps tout en proposant une contre-attaque au niveau du poignet, ou du proche avant-bras, dont les impacts (avec un stick) correspondent à des coupes (avec une lame longue).

Distance Largo Mano
A avance avec un demi-pas et sert un large angle 1 Lobtik
B fait un déplacement en triangle extérieur tout en esquivant la frappe de A en descendant son buste (en fait en descendant sur ses appuis). Il passe sous l'attaque de A
Au passage, il laisse traîner son arme sur la trajectoire du bras de A. On imagine aisément l'application avec une lame longue
B enchaîne avec une frappe angle 2 Lobtik au creux du genou
B reprend de la distance tout en servant un Redondo à l'épaule ou à la tête

Contre une attaque numéro 2, même principe :

Distance Largo Mano
A avance avec un pas et sert un large angle 2 Lobtik
B fait un déplacement en triangle intérieur tout en passant
sous l'attaque de A
Au passage, il laisse son arme sur le trajet du bras de A
B reprend de la distance tout en servant une frappe angle 1 à la tête

Le déplacement en triangle suivi de la reprise de distance en pivotant sur le pied d'appui correspond au travail du triangle féminin et effacement décrit au chapitre précédent.

Toujours dans l'idée de se déplacer tout en percutant le bras armé de son partenaire dans le mouvement de son attaque, on va proposer un travail sur les angles de 1 à 5. La priorité c'est l'esquive, la contre-attaque au bras est secondaire.

Distance Largo Mano
A sert angle 1 Lobtik en cassant la distance
B fait triangle extérieur et esquive tout en cisaillant le bras de A
A ressort de la distance
A sert angle 2 Lobtik en avançant
B fait triangle intérieur et esquive tout en cisaillant le bras de A
A ressort de la distance
A sert angle 3 Lobtik en avançant
B fait Retirada Ilustrisimo tout en exagérant sa mécanique corporelle (Elastiko) pour frapper par dessus le bras de A
A ressort de la distance
A sert angle 4 Lobtik en avançant
B sort et frappe croisée par dessus le bras de A
A ressort de la distance
A sert une pique angle 5 en avançant
B a le choix de sortir avec un triangle intérieur ou extérieur...

Quand A a servi les 5 angles, A et B échangent leurs rôles et B sert les angles 1 à 5 alors que A esquive et contre-attaque.
Une variation de cet exercice sera de travailler sur un principe de 'à toi à moi'.

APPLICATION DYNAMIQUE : 1 / 2 / 1

Pour travailler nos applications on va utiliser un petit drill initial. Il va former une base pour une série d'exercices plus dynamiques que les précédents, où l'on partait directement de l'attaque à contrer.

TRIANGLE

Distance Largo Mano, A et B se font face en garde
A et B enchaînent angle 1 Lobtik et angle 2 Lobtik
Sur le troisième mouvement, une frappe angle 1 Lobtik, A casse la distance avec un demi-pas
B sort légèrement de l'axe avec un déplacement en triangle et contre

Un timing fin va être impératif. Si B attend que A ait déployé son attaque pour contrer, sa défense sera inefficace. Il doit donc identifier le moment où A amorce son attaque pour se déplacer. Trop tôt, A aura le temps de changer son angle. Trop tard, l'inertie de la frappe ne pourra être absorbée.

On peut d'abord entraîner ce timing en répétant l'exercice précédent sur un principe 'à toi à moi' :

Distance Largo Mano, A et B se font face en garde
A et B enchaînent angle 1 Lobtik et angle 2 Lobtik
Sur le troisième mouvement, une frappe angle 1 Lobtik, A casse la distance avec un demi-pas
B sort légèrement de l'axe avec un déplacement en triangle et contre
A ressort de la distance avec un demi-pas arrière
A et B enchaînent angle 1 Lobtik et angle 2 Lobtik
Sur le troisième mouvement, B fait un demi-pas et sert angle 1
A fait un déplacement en triangle et contre
B ressort…

Une fois le timing acquis, on peut proposer des enchaînements.

Distance Largo Mano, A et B se font face en garde
A et B enchaînent angle 1 Lobtik et angle 2 Lobtik
A fait un demi-pas et sert angle 1 Lobtik
B exécute un déplacement en triangle et contre pointe en haut avec Check
B frappe à la jambe angle 6 Lobtik
B enchaîne angle 3 Lobtik et angle 4, en laissant son stick au contact des côtes de A
B finalise avec une clé en utilisant son stick en diagonale contre le biceps et les dorsales de A, et son contrôle sur le poignet de A avec sa main non armée
B pivote pour entraîner A au sol

Cet exercice est notamment idéal pour travailler les désarmements dans un contexte dynamique, éventuellement en les précédant de quelques frappes :

Distance Largo Mano
A et B enchaînent angle 1 Lobtik et angle 2 Lobtik
A fait un demi-pas et sert angle 1 Lobtik
B fait un déplacement en triangle et contre pointe en bas avec Check
B enchaîne trois frappes au corps (1/4/3), tout en conservant son contrôle sur la main armée de A avec son Check
B saisit le stick de A au plus près de la main, tout en effectuant une torsion pour amener le petit doigt de A vers le plafond, et un déplacement en triangle
B descend le stick de A et monte le sien pour percuter au niveau du poignet et récupérer l'arme
B reprend de la distance pour profiter de l'avantage d'être maintenant armé des deux sticks alors que son partenaire se retrouve à mains nues

Pour travailler sur des attaques en angle 2, le partenaire rentre sur le deuxième mouvement avec un pas au lieu d'attendre le troisième pour casser la distance.

Distance Largo Mano
A et B servent angle 1 Lobtik
A fait un pas et sert angle 2 Lobtik
B sort avec un déplacement en triangle extérieur et contre avec Check
B frappe A à la tête tout en exécutant la clé de pouce depuis son Check
B dégrafe le stick de A en ramenant son stick, au plus près de la main
B reprend de la distance tout en enchaînant des frappes pour dissuader A de le suivre

PIVOT

Distance Largo Mano
A et B enchaînent angle 1 Lobtik et angle 2 Lobtik
A fait un demi-pas et sert angle 1 Lobtik
B esquive avec un pivot tout en servant une frappe croisée, idéalement sur la main de A
B re-rentre dans la distance et frappe à la cuisse avec un angle 6 Lobtik
B enchaîne avec un Redondo sur le bras, ou l'épaule, et angle 2 Lobtik à la tête
B finalise avec un low kick jambe arrière
B reprend de la distance avec un demi-pas

BABY SPARRING

Comme son nom l'indique, il s'agit d'un exercice préparatoire au sparring, sur un principe de 'à toi à moi'. Selon la confiance des deux partenaires, et le degré d'intensité qu'ils souhaitent engager on peut proposer de travailler avec des sticks en mousse, ou le port de protections (casques, gants, protège avant-bras, plastrons,…). Dans un premier temps, il est souhaitable de rester sur une intensité maîtrisée, sans protections, pour se concentrer sur la qualité technique.

> Distance Largo Mano, A et B se font face
> A engage une attaque libre
> B choisit de contrer ou d'esquiver
> B sert une attaque libre
> A contre ou esquive
> A sert une attaque libre
> B contre ou…

Les deux partenaires vont devoir être très mobiles, savoir changer de rythme et gommer les mouvements superflus.

SPARRING

Le sparring, nécessaire pour mettre sa technicité comme sa combativité à l'épreuve, doit se faire sous la supervision d'un instructeur. Il existe plusieurs niveaux de sparring et enseignant et partenaires déterminent ensemble celui qui est adéquat :

— bâtons enveloppés de mousse et protections complètes
— bâtons mousse, sans protections
— bâton en rotin (on prend des sticks fins et légers) et protections complètes
— bâtons en rotin et protections légères (coquille, gants et casque)
— bâtons en rotin sans protections
— possibilité d'engager aussi des attaques pieds/poings
— un adversaire contre plusieurs
— trois contre trois
— ...

J'ai personnellement une préférence pour les échanges au rotin avec protections légères. Les échanges au bâton enveloppé de mousse deviennent souvent brouillons, et les partenaires négligent vite les coups reçus, perdant en réalisme quant à leur propre protection.

Le stick en rotin de compétition, plus fin et léger que celui utilisé à l'entraînement, laisse sur les avant-bras, les cuisses ou le flanc de belles ecchymoses qui 'piquent', sans pour autant risquer une fracture ou une véritable blessure. Les impacts sur les gants et le casque offrent de jolis sons sourds sans équivoque quant au fait d'avoir été touché. Dans cette configuration, l'eskrimador craint suffisamment le contact du stick adverse pour développer une stratégie défensive tout en gardant une bonne part de jeu et d'adrénaline.

CARENZA

Le Carenza correspond à la pratique du shadow des boxes pieds/poings. Cet exercice, très prisé à juste titre, consiste à travailler ses techniques dans le vide tout en se déplaçant, face à un adversaire imaginaire. C'est avec le shadow que l'on développe la forme de corps. C'est une voie royale pour la pratique de l'Eskrima car c'est l'expression de l'aisance corporelle du pratiquant et de sa compréhension de cet art.

Doble Baston

Un bâton dans chaque main, l'eskrimador est prêt pour l'art du combat avec deux armes : Doble Baston ou Sinawali (terme philippin, qui signifie 'tisser').

Un jour, lors d'un stage multi-styles, Stéphane Fernandez posa à Thomas Roussel cette question : si tu n'avais qu'une séance de quelques heures pour présenter l'Eskrima à un groupe de personnes, que choisirais-tu de leur enseigner ? Après avoir réfléchi quelques instants, Thomas lui répondit avec certitude : Doble Baston. Parmi la grande variété des techniques maîtrisées dans les Arts Martiaux Philippins, c'est sans doute l'une des plus spécifiques et... captivantes — par son efficacité, sa rapidité et son esthétisme.

Dans un premier niveau de lecture, la faculté à combattre avec une arme dans chaque main apporte un avantage considérable, tant de manière offensive que défensive. Bruce Lee, Kick Ass, Orlando Bloom (Legolas) ou encore Donnie Yen (Ip Man) en donnent d'ailleurs d'admirables exemples dans des scènes épiques au cinéma. Armé de deux bâtons ou de deux machettes, c'est une technique redoutable, élevée à un haut degré de perfectionnement dans les AMP.

Mais dans l'apprentissage des arts martiaux, il faut toujours considérer les différents aspects de sa pratique, et elle ne se résume jamais à un seul. Car le Doble Baston trouve une application beaucoup plus large en cela qu'il permet de développer très efficacement la coordination des deux mains (bras), la symétrie et l'ambidextrie du pratiquant. En apprenant à surmonter la difficulté de manipuler deux armes en même temps, et en gagnant de l'aisance, l'eskrimador sera aussi ensuite beaucoup plus performant que ce soit à mains nues ou avec une seule arme et sa main vide. De même, blessé ou encombré, il pourra utiliser sa seconde main avec autant d'efficacité que sa main directrice.

Fort de sa maîtrise du Sinawali, et par là même de son corps dans l'espace, l'eskrimador ne risque plus de se blesser lui-même ou de se gêner. Chaque bras sait où est sa place pour laisser travailler l'autre.

I. DRILLS

Comme pour le Solo Baston on retrouve le travail des drills, éducatifs avec partenaire, parmi les exercices fondamentaux pour développer les qualités martiales décrites ci-dessus.

Une correction par rapport au travail du Solo Baston (qui enrichira d'ailleurs ensuite le travail avec une seule arme), c'est qu'il faut tenir compte de deux paramètres fondamentaux. D'une part le pratiquant se concentre sur l'angle et le travail de la main qui sert et qu'il a en visuel. Mais il doit aussi intégrer, au même moment, la position de son autre main et ce qu'elle peut enchaîner comme mouvement. Le travail du Check en Solo Baston était déjà une 'initiation' à ce concept.

Afin d'avoir suffisamment d'espace pour mettre en œuvre deux armes longues, la distance appropriée au Doble Baston est Largo Mano.

Dans tous les drills suivants, les partenaires A et B se font face et enchaînent les mêmes mouvements. Ainsi si A sert une frappe angle 6 traversante, B sert lui aussi un angle 6 traversant et leurs sticks se rencontrent à mi-parcours, avant d'enchaîner sur le mouvement suivant.

Une fois le drill acquis, une variation de travail sera de laisser l'un des partenaires servir le drill normalement, alors que son camarade doit se protéger des attaques venant de sa gauche avec son stick gauche, et de celles venant de la droite avec son stick droit. Une autre variation est de proposer au second eskrimador de travailler librement, selon son inspiration, alors que son partenaire doit lui rester dans le drill initial.

D'un exercice on en obtient trois. Et, malgré l'aspect répétitif du drill, on remet la concentration au cœur du travail.

HIGH LOW HIGH

1. Angle 1 [D] Lobtik
2. Angle 6 [D] Witik
3. Angle 2 [D] Lobtik
4. Angle 1 [G] Lobtik
5. Angle 6 [G] Witik
6. Angle 2 [G] Lobtik

VARIANTE

1. Angle 1 [D] Lobtik
Angle 1 [G] Lobtik
2. Angle 1 [D] Lobtik
Angle 6 [D] Witik
Angle 1 [G] Lobtik
Angle 6 [G] Witik
3. Angle 1 [D] Lobtik
Angle 6 [D] Witik
Angle 2 [D] Lobtik
Angle 1 [G] Lobtik
Angle 6 [G] Witik
Angle 2 [G] Lobtik

Le drill peut être exécuté avec les pieds sur une même ligne (écartement largeur des épaules), en garde à droite statique, en changeant de garde à chaque fois que l'on change de main (même pied / même main), ou en se déplaçant.

COMPTE 4

1. Angle 1 [D] Lobtik
2. Angle 2 [D] Lobtik
3. Angle 1 [G] Lobtik
4. Angle 2 [G] Lobtik

VARIANTE 1

1. Angle 1 [D] Lobtik
2. Angle 6 [D] Lobtik
3. Angle 1 [G] Lobtik
4. Angle 2 [G] Lobtik

VARIANTE 2

1. Angle 1 [D] Lobtik
2. Angle 2 [D] Lobtik
3. Angle 1 [G] Lobtik
4. Angle 6 [G] Lobtik

variante 1

variante 2

VARIANTE 3

Enchaînement des trois variantes précédentes. Les deux partenaires doivent rester dans l'instant présent pour ne pas perdre le fil.

COMPTE 5

1. Angle 1 [D] Lobtik
2. Angle 6 [D] Lobtik
3. Angle 1 [G] Lobtik
4. Angle 7 [D] Witik
5. Angle 2 [G] Lobtik

COMPTE 6 / HEAVEN 6

Pour ce compte et ses variantes, la garde de départ est la suivante :
Stick droit au-dessus de l'épaule droite, pointe vers l'arrière (Punyo vers le partenaire)
Stick gauche sous le bras droit, pointe vers l'arrière

HEAVEN 6

1. Angle 1 [D] Lobtik, le stick vient se ranger au-dessus de l'épaule gauche
2. Angle 2 [G] Lobtik, le stick vient se ranger côté gauche en laissant l'espace pour le mouvement suivant du stick droit
3. Angle 2 [D] Witik, le stick vient se ranger sous le bras gauche, pointe vers l'arrière
4. Angle 1 [G] Lobtik, le stick vient se ranger au-dessus de l'épaule droite
5. Angle 2 [D] Lobtik, le stick vient se ranger côté droit en laissant l'espace pour le mouvement suivant du stick gauche
6. Angle 2 [G] Witik, le stick vient se ranger sous le bras droit, pointe vers l'arrière

HEAVEN & EARTH

Dans la version précédente du compte 6, toutes les frappes sont descendantes (depuis le ciel / heaven). Dans cette variante, les mouvements 2 et 5 sont remontants (depuis la terre / earth).

1. Angle 1 [D] Lobtik
2. Angle 6 [G] Lobtik
3. Angle 2 [D] Witik
4. Angle 1 [G] Lobtik
5. Angle 6 [D] Lobtik
6. Angle 2 [G] Witik

Heaven 6

Heaven & Earth

COMPTE 7

1. Angle 2 [G] Witik, le bras gauche se range sous le bras droit
2. Angle 1 [D] Witik, puis passe derrière la tête pour laisser le champ libre à la main gauche
3. Angle 2 [G] Witik, le bras gauche vient se ranger à gauche
4. Angle 1 [D] Witik
5. Angle 6 [D] Witik, le bras droit se range sous le bras gauche
6. Angle 1 [G] Witik
7. Angle 2 [D] Lobtik

Drills

. . .

COMPTE 8

Depuis une garde ouverte
1. Angle 1 [D] Lobtik
2. Angle 6 [D] Witik, le bras droit se range sous le bras gauche
3. Angle 1 [G] Lobtik, le bras gauche se range au-dessus de l'épaule droite
4. Angle 2 [D] Lobtik, pendant que le stick gauche vient s'armer pour l'angle suivant en passant sur la poitrine
5. Angle 1 [G] Lobtik
6. Angle 6 [G] Witik, le bras gauche se range sous le bras droit
7. Angle 1 [D] Lobtik, le bras droit se range au-dessus de l'épaule gauche
8. Angle 2 [G] Lobtik, pendant que le stick droit vient s'armer pour l'angle suivant en passant sur la poitrine

COMPTE 9

Depuis une garde ouverte.
1. Angle 1 [D] Witik
2. Angle 7 [G] Witik, alors que la main droite passe par-dessus la tête
3. Angle 2 [D] Lobtik, alors que la main gauche passe par-dessus la tête
4. Angle 2 [G] Lobtik
5. Angle 1 [D] Lobtik
6. Angle 6 [D] Lobtik
7. Angle 1 [G] Lobtik, le stick vient se ranger au-dessus du bras droit
8. Angle 7 [D] Witik
9. Angle 2 [G] Lobtik

En fait, seuls les quatre premiers mouvements sont nouveaux dans ce drill. Les cinq derniers mouvements étant ceux du Compte 5…

COMPTE 10

Position de départ, stick gauche tenu devant soi, à mi-hauteur, parallèle au sol, stick droit en position basse, pointe vers l'avant.
1. Entrechoquer les sticks, au contact on enroule le stick droit, dans un mouvement comparable à l'Arko, pour passer par-dessus le stick gauche
2. Angle 1 [D] Lobtik
3. Angle 2 [D] Witik
4. Angle 2 [G] Lobtik
5. Angle 2 [D] Witik
6. Entrechoquer, au contact on enroule le stick gauche par-dessus le stick droit
7. Angle 1 [G] Lobtik
8. Angle 2 [G] Witik
9. Angle 2 [D] Lobtik
10. Angle 2 [G] Witik

COMPTE 19

Enchaîner les comptes 9 et 10 !

CRUZADA

Départ Largo Mano, A et B pieds joints, sticks croisés en position basse
Déplacement à 45° sur la droite en armant. Le stick droit position haute pointe vers le partenaire. Le stick gauche vient au contact du stick du partenaire
1. Frappe comme un coup de fouet avec le stick droit en pivotant l'axe corporel. Le stick gauche vient se ranger sous l'aisselle droite, pointe vers l'arrière
2. Angle 2 [G]
3. Angle 7 [D] en descendant sur les appuis, le stick gauche se range sous le bras droit
4. Angle 6 [G]
5. On remonte. Angle 1 [D], le stick gauche sous l'aisselle
6. Angle 2 [G]
A et B repassent par le centre, pieds joints, la main gauche au niveau de l'abdomen, la main droite au niveau de la tête
Déplacement à 45° sur la gauche en armant les sticks par un mouvement dans le sens des aiguilles d'une montre
7. Angle 1 [G], le stick droit sous l'aisselle
8. Angle 2 [D]
9. Angle 7 [G] en descendant sur les appuis, le stick droit sous le bras gauche
10. Angle 6 [D]
11. On remonte. Angle 1 [G], le stick droit sous l'aisselle
12. Angle 2 [D]
Retour au centre, pieds joints, sticks croisés en position basse

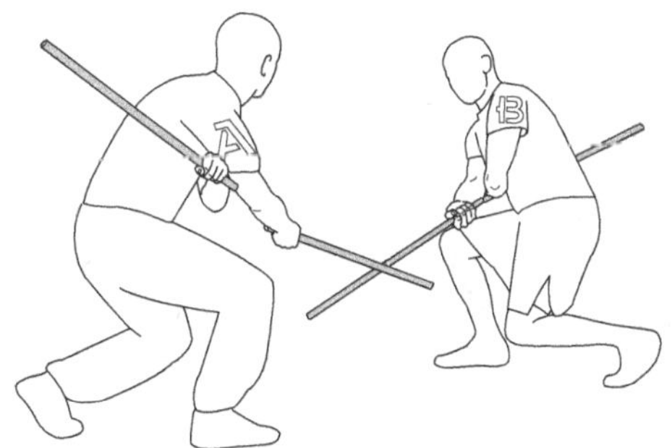

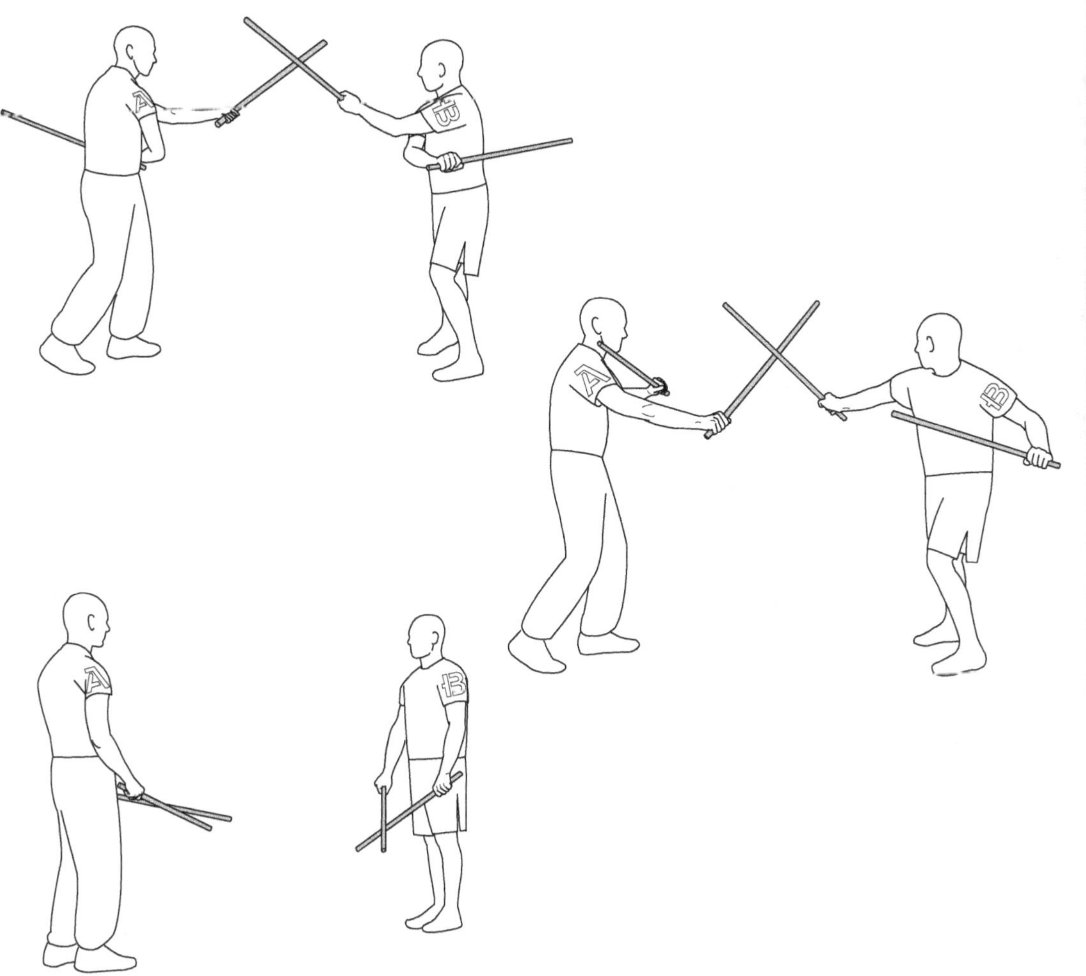

VARIATIONS

Un des partenaires pilote l'exercice et décide combien d'échanges 'droite / gauche' sont effectués de chaque côté. Dans le drill précédent on en a fait trois à droite et trois à gauche. Mais on peut en proposer 2, 3, 4 ou 5... en alternant en haut et en bas.

On peut aussi morceler, en jouant sur les hauteurs. Ainsi au lieu de servir un angle 1 [D] suivi d'un angle 2 [G], on va faire angle 1 [D] et angle 6 [G] en descendant sur les appuis.

Et, bien sûr, le travail à gauche n'est pas forcément symétrique avec le travail à droite.

Le tout étant d'élaborer un jeu où les partenaires doivent rester dans l'instant présent.

II. Crossada, blocages et contres

On est sur une application à distance Largo Mano où l'adversaire doit faire un pas pour venir toucher au corps. Ce qui permet à l'eskrimador d'avoir la place de travailler avec ses deux sticks.

Le principe du Crossada est de proposer une contre-attaque croisée. Au moment de l'impact les deux sticks forment une croix. Du point de vue de l'énergie appliquée à ce contre, si l'on poursuit l'action, un stick descend et l'autre monte. Les deux armes s'éloignent l'une de l'autre...

Avec son partenaire lors des exercices, pour travailler de manière dynamique, les deux sticks restent sur l'arme. En application combat, un stick contre l'arme, l'autre vient frapper la main qui la tient.

Si A prend soin de s'équiper de protections adaptées, une paire de gants de hockey par exemple, B peut entraîner son travail de frappe sur la main dans son Crossada.

CONTRE NUMERADO

Distance Largo Mano
A, Solo Baston, sert Numerado angles 1 à 5
B, Doble Baston, contre en Crossada

Le stick du côté d'où vient l'attaque arrête l'arme, le stick opposé contre-attaque simultanément sur la main de A (ou, en dynamique, gère l'arme entre le premier stick et la main de A). Donc contre l'angle 1 (si A est droitier, l'attaque vient sur la gauche de B), B contre le stick de A avec son stick gauche, et frappe la main de A avec son stick droit.

Contre l'angle 5, B peut choisir de contrer intérieur ou extérieur.

Quand A a servi les 5 angles, A et B échangent leurs rôles.

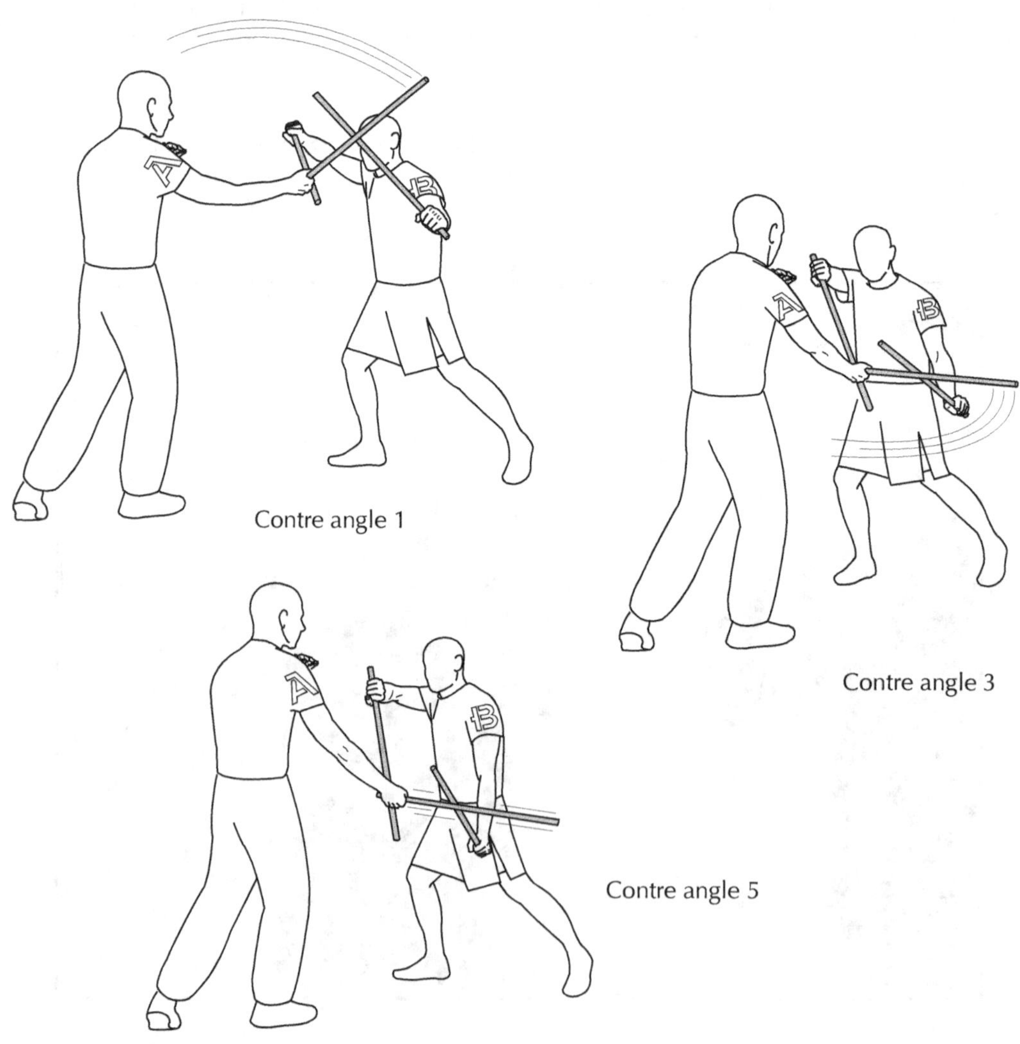

Contre angle 1

Contre angle 3

Contre angle 5

VARIATION 1

Distance Largo Mano
A, Solo Baston, sert Numerado angles 1 à 5
B, Doble Baston, contre en Crossada en ouverture et enchaîne immédiatement
avec un Crossada en fermeture.

Quand A a servi les 5 angles, A et B échangent leurs rôles.

VARIATION 2 : À TOI À MOI

Distance Largo Mano
A, Doble Baston
B, Doble Baston
A sert angle 1 [D] en entrant dans la distance
B contre en Crossada et sort de la distance
B sert angle 1 [D] en entrant dans la distance
A contre en Crossada et sort de la distance
A sert angle 2 [D] en entrant dans la distance
B contre en Crossada et sort de la distance
B sert angle 2 [D]…

VARIATION 3

Distance Largo Mano
A, Doble Baston
B, Doble Baston
A sert les angles 1 à 5 mais de façon libre et au choix avec son arme main
droite ou main gauche
B contre en Crossada

VARIATION 4

Distance Largo Mano
A, Solo Baston
B, Doble Baston
A sert angles de 1 à 5
B contre en Crossada (ouverture ou fermeture)
Puis contre-attaque au bras ou au corps avec le Crossada opposé (fermeture si il a choisi un premier contre en ouverture…)
Et enchaîne 3 attaques au corps en alternant droite et gauche, et les hauteurs

Quand A a servi tous les angles, ils échangent leurs rôles.

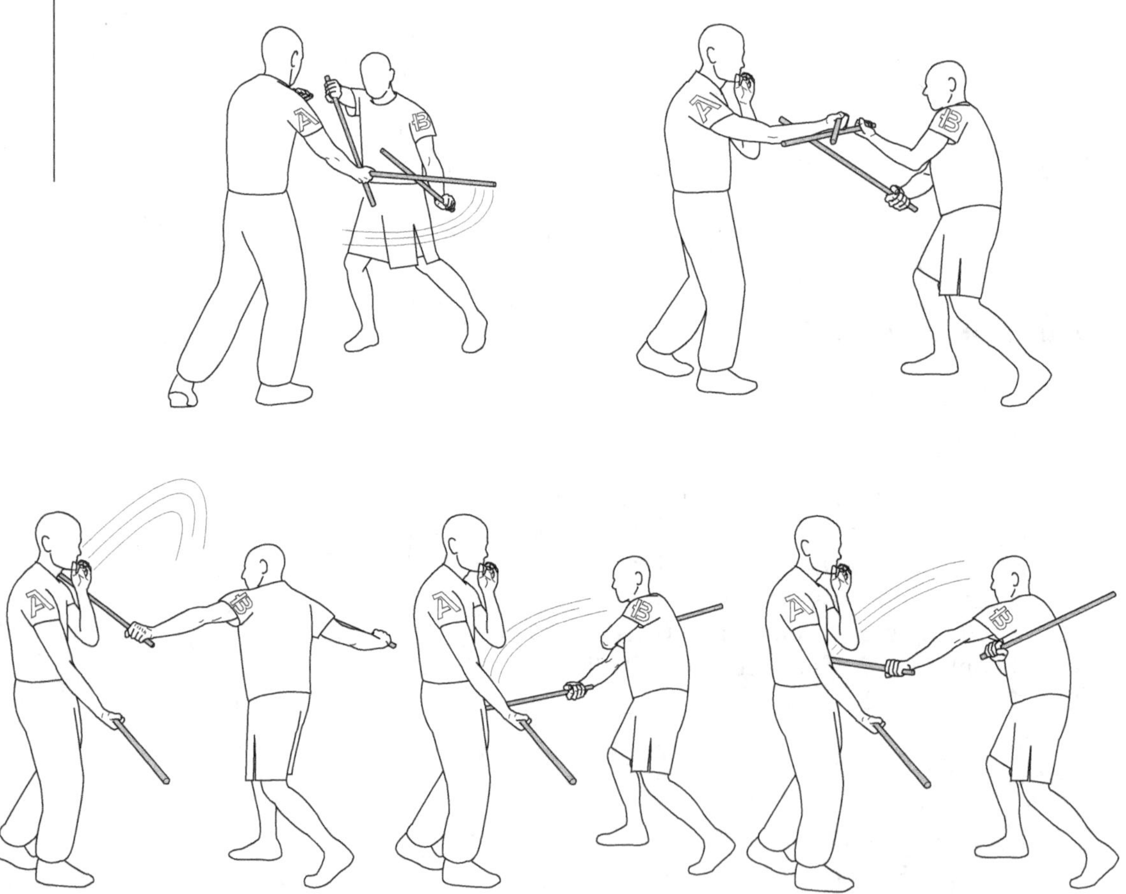

VARIATION 5

On va travailler volontairement à distance Medio Contrada, afin de se mettre en difficulté.

Si Crossada est une défense en croix où les sticks s'éloignent l'un de l'autre, Palis est une technique où les deux armes sont parallèles. Comme précédemment, le stick du côté d'où vient l'attaque effectue un blocage sur l'arme, l'autre stick vient sur la main qui tient l'arme.

C'est un travail 'à toi à moi', chacun sert à son tour les angles 1 à 5. Pour cet exercice le défenseur choisit de contrer en utilisant Crossada ou Palis.

Distance Medio Contrada
A sert angle 1 [D]
B contre avec Crossada ou Palis
B sert angle 1 [D]
A contre avec Crossada ou Palis
A sert angle 2 [D]
B contre avec Crossada ou Palis
B sert angle 2 [D]
A contre…

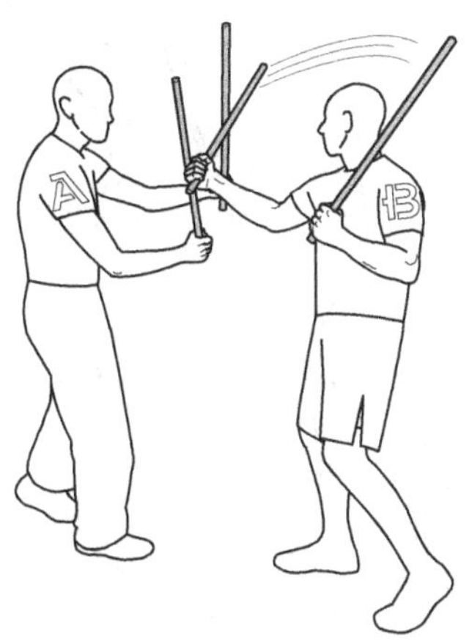

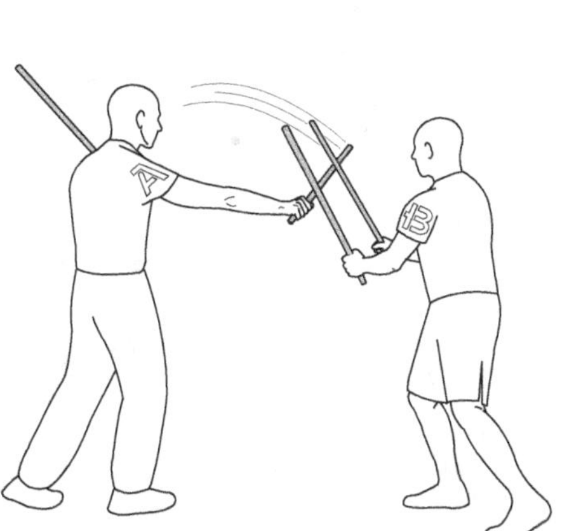

VARIATION 6

L'attaquant sert le Numerado de 1 à 5 avec son stick droit, mais intercale une attaque en pique avec son stick gauche.

Distance Medio Contrada
A sert angle 1 [D]
B contre avec Crossada ou Palis
A sert une pique angle 5 [G]
B gère cette attaque avec sa main la plus proche
A sert angle 2 [D]
B contre avec Crossada ou Palis
A sert pique angle 5 [G]
B gère cette attaque avec sa main la plus proche
A sert angle 3 [D]
B contre…

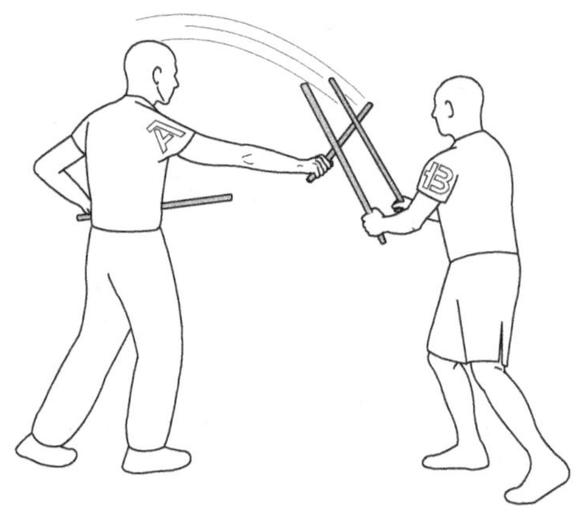

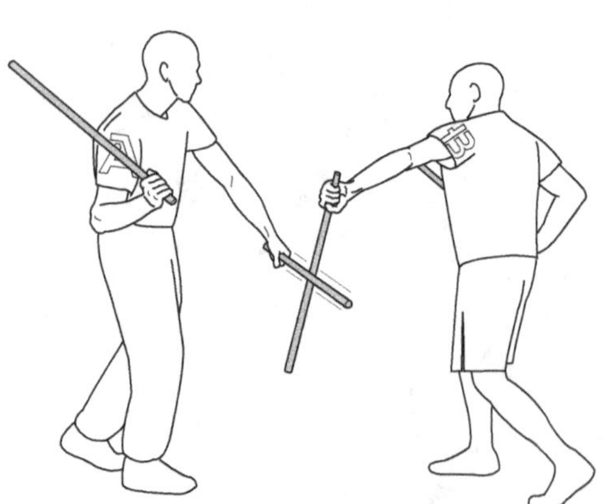

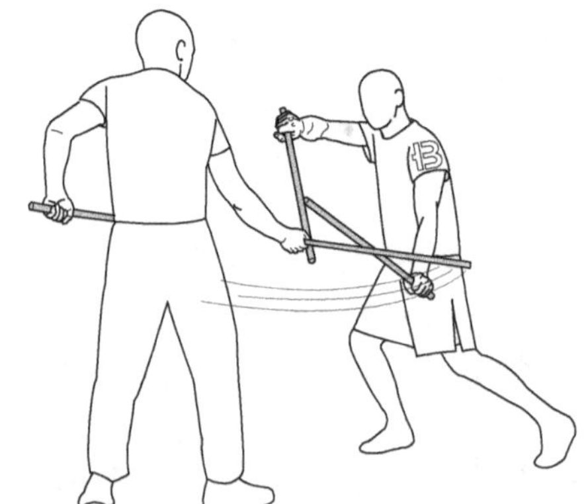

III. DÉSARMEMENTS

Comme en Solo Baston, on isole le désarmement pour le travailler, le mettre en place, trouver ses marques et en intégrer les paramètres afin de se l'approprier. Il faudra ensuite le placer lors de drills, ou d'applications avec le partenaire afin de mieux déceler les opportunités et de rendre son travail plus dynamique. C'est un travail préalable nécessaire pour que le désarmement soit placé avec efficacité lors d'un combat.

Dans une logique 'combative', on ne va pas venir directement désarmer, on va d'abord frapper. De plus on garde toujours à l'esprit que les choses les plus simples sont souvent les meilleures. Et donc, qu'une solide frappe à la main armée ou à la tête restent d'excellents choix de désarmement.

Les désarmements proposés ci-après sont démontrés contre une attaque selon l'angle 1. Une fois acquis, ils peuvent être adaptés contre d'autres angles, en trouvant les bons ajustements. Ce travail permettra d'ailleurs d'améliorer encore la coordination et l'ambidextrie du pratiquant, ainsi que sa compréhension 'corporelle' des désarmements. Leur fonctionnement repose sur les grands principes déjà vus au chapitre Solo Baston : contrainte articulaire, forces antagonistes exercées simultanément...

Pour l'exercice A est armé d'un bâton tenu main droite, B est armé d'un bâton dans chaque main.

SNAKE

Distance Medio Contrada
A sert angle 1 [D]
B contre en Palis, stick gauche sur le stick de A, stick droit sur la main
B prend le contrôle du bras de A en effectuant un Snake avec son stick [G] au niveau du poignet
B finalise le désarmement avec une pression sur l'avant-bras armé de A de son stick [D] pointe en bas

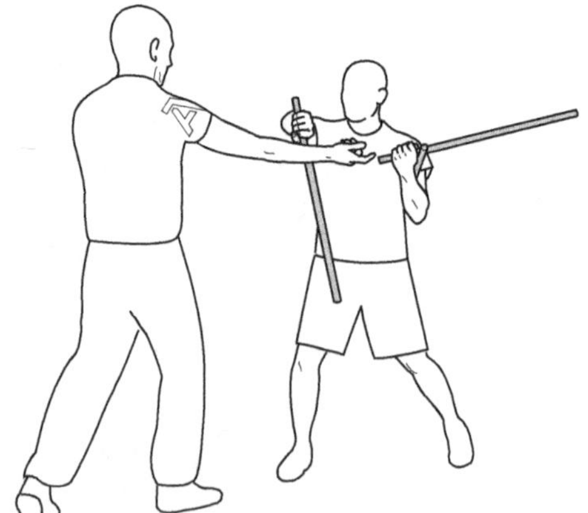

SNAKE 2

Distance Medio Contrada
A sert angle 1 [D]
B contre en Palis
B prend le contrôle du bras de A en
effectuant un Snake avec son stick
[D] au niveau du poignet
B dégrafe le stick de A en tirant sur
son stick [D] avec son stick [G]

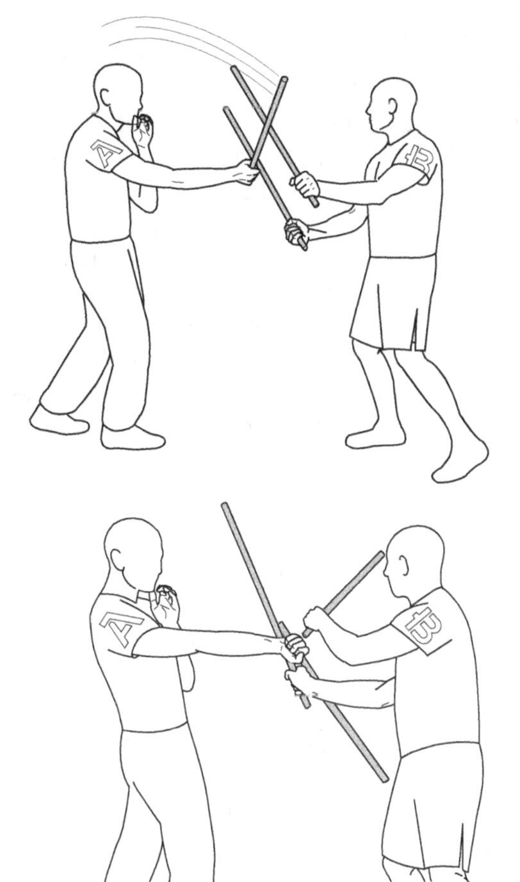

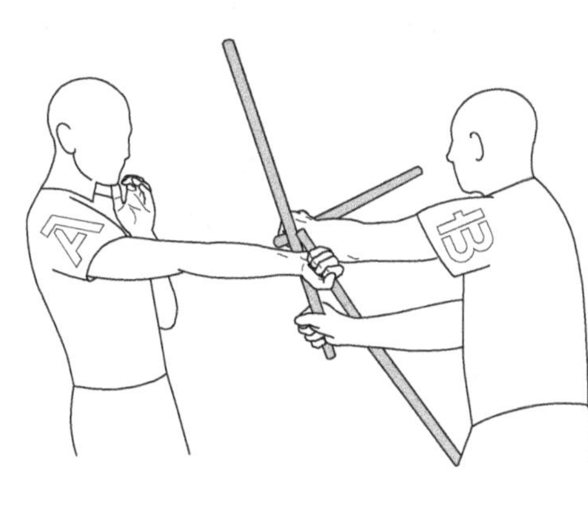

VARIATION

B obtient le désarmement en accentuant sa clé avec son stick [D] dans le
sens contraire des aiguilles d'une montre (le stick appuie sur le poignet de A,
l'avant-bras de B appuie sur le stick de A)
B peut simultanément servir des frappes avec son stick [G]

PUNYO

Distance Medio Contrada
A sert angle 1 [D]
B contre en Palis
B crochète le Punyo de A avec son Punyo [G] et le stick de A avec son Punyo [D]
B finalise le désarmement en effectuant une rotation des deux Punyos dans le sens contraire des aiguilles d'une montre

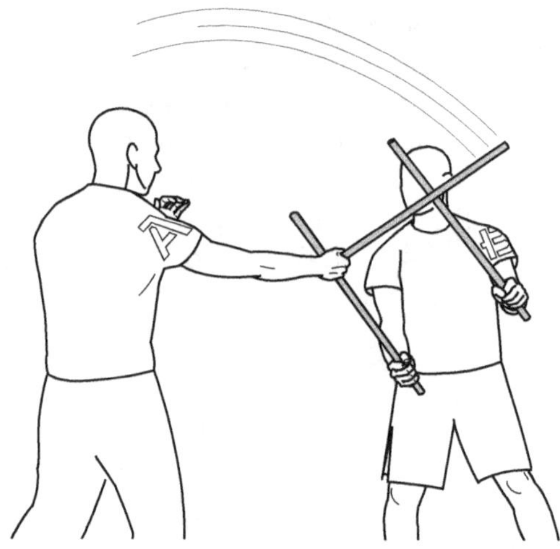

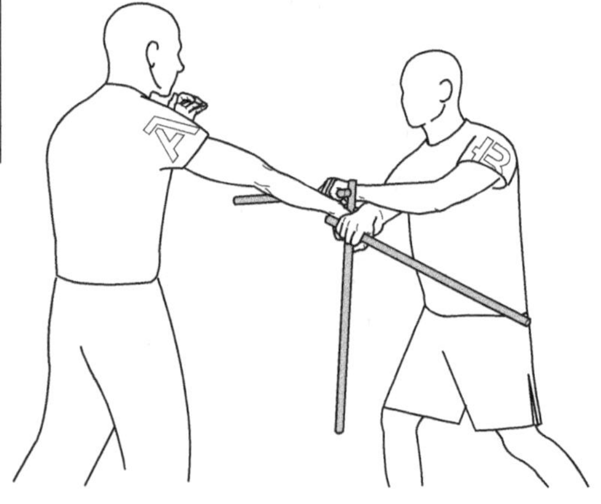

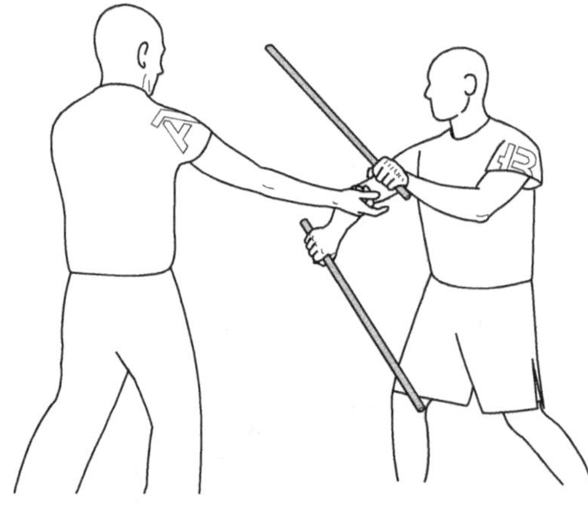

IV. Applications

Les applications Doble Baston découlent de l'aisance acquise à utiliser ses deux armes sans se gêner grâce au travail des drills et du Crossada. Cette aisance et cette technicité sont d'ailleurs facilement transposables avec deux armes autres que des bâtons. Ce qui inclut les armes naturelles que sont nos mains nues.

Dans les applications suivantes, A est armé d'un stick tenu main droite, B est armé d'un stick dans chaque main.

La plupart des exercices suivants sont décrits ici contre une attaque en angle 1, mais ils peuvent très facilement être adaptés, et doivent l'être, pour d'autres angles d'attaque.

Crossada

Comme vu dans le travail du Crossada, si le partenaire A sert une attaque libre (angle 1 à 7 au choix), il est possible de le contrer, voire de mettre fin à l'échange, en utilisant un stick contre son stick et l'autre contre sa main armée.

A est alors désarmé ou incapacité, face à B toujours équipé de deux sticks, qui peut choisir de reprendre de la distance ou d'utiliser immédiatement son avantage en enchaînant une série de frappes de ses deux armes.

Doubler ses Frappes

Distance Largo Mano
A entre dans la distance en servant un angle 1
B exécute un déplacement en triangle et contre en Crossada ou Palis avec son stick [G] sur le stick de A
B enchaîne deux frappes (en variant les cibles, au torse, aux jambes ou à la tête) avec son stick [D]
Puis B enchaîne deux frappes au corps avec son stick [G]

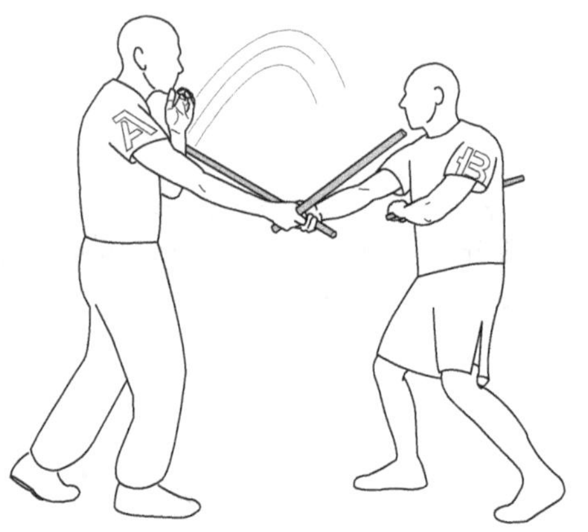

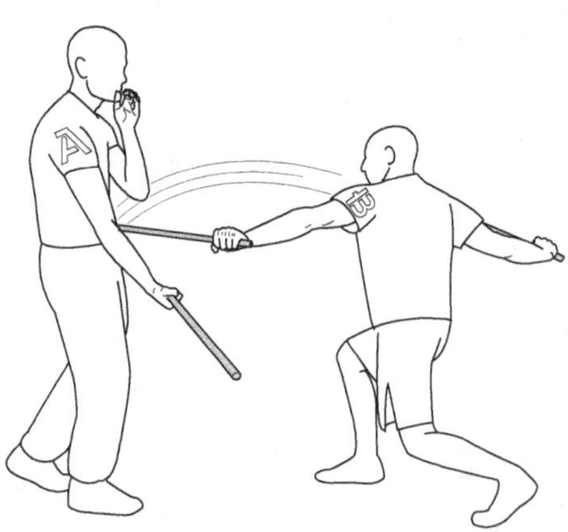

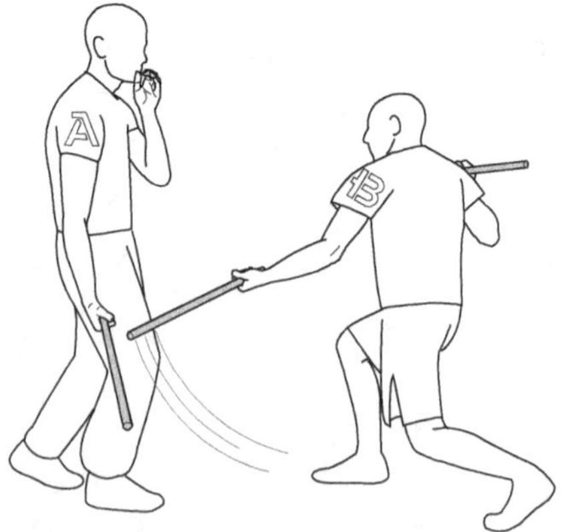

ALTERNER SES STICKS

Distance Largo Mano
A entre dans la distance en servant un angle 1
B exécute un déplacement en triangle et contre en Crossada ou Palis avec son stick [G] sur le stick de A
B sert 4 frappes (au torse, aux jambes ou à la tête) en alternant son stick [D] et son stick [G]

Il est important de laisser le stick [G] au contact du stick de A, lors de la première frappe avec le stick [D].

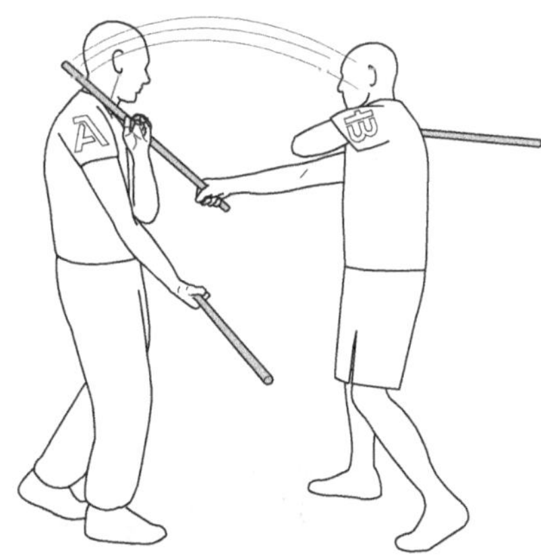

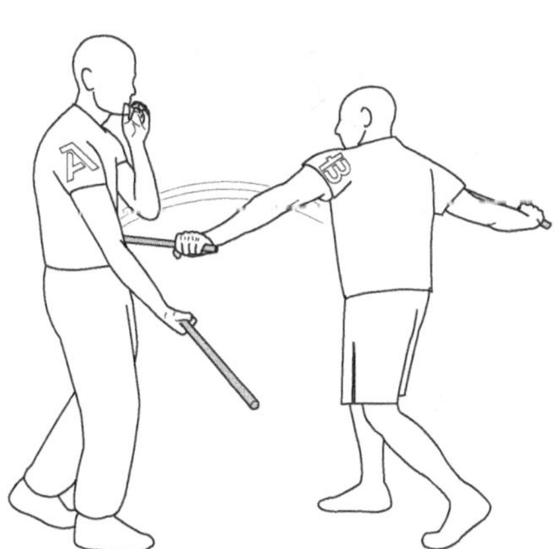

CROSSADA 2

Dans cet exercice on va mettre en application l'enchaînement Crossada et Palis pour s'assurer de neutraliser la main armée du partenaire, pour suivre ensuite avec des attaques libres au corps ou à la tête.

On retrouvera ce travail dans les contres et contre-attaques couteau contre couteau, où il apparaît impératif de doubler rapidement la coupe au bras armé pour écarter le danger de la lame adverse.

Distance Largo Mano
A entre dans la distance et sert un large angle 1
B contre en Crossada avec une percussion à la main avec la frappe remontante de son stick [D]
B enchaîne avec une seconde frappe, descendante, à la main de son stick [D], alors que son stick [G] est resté au contact du stick de A (Palis)
B poursuit avec un angle 2 Lobtik [D] à la cuisse de A
et finalise avec un angle 3 [G] au flanc, un angle 1 [D] à la tête et un angle 2 [G] à la tête

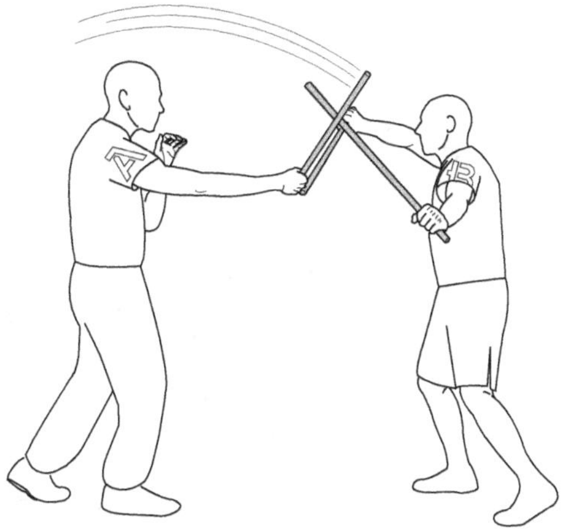

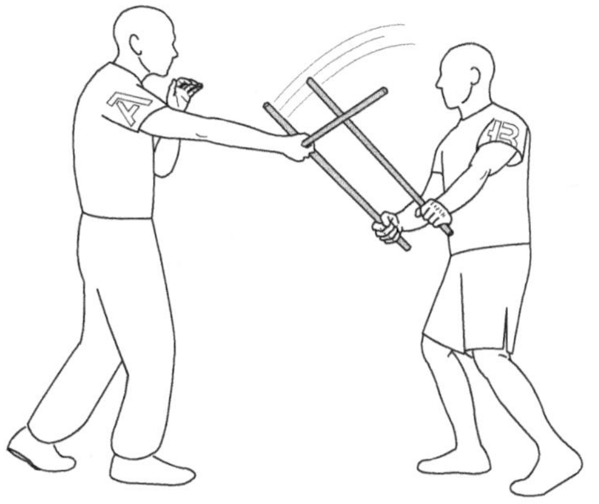

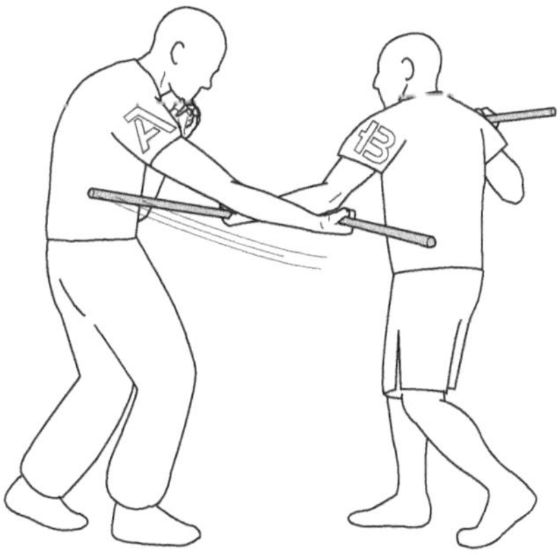

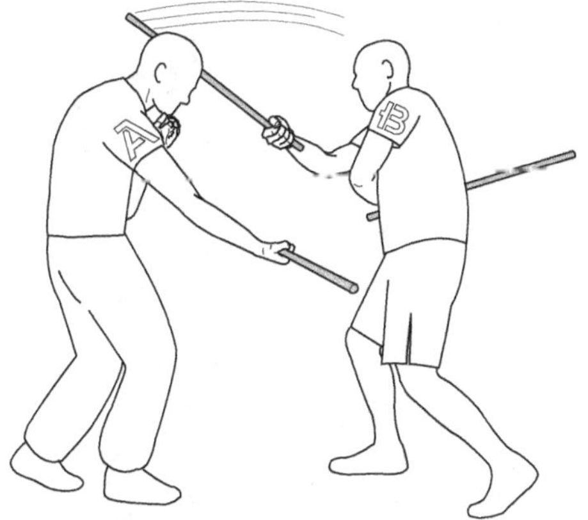

APPLICATION HEAVEN 6

Distance Largo Mano
A entre dans la distance et sert un angle 1

B effectue un déplacement en triangle et contre avec le stick [D] opposé à la direction d'où vient l'attaque. Son bras gauche est armé sous son bras droit

B enchaîne immédiatement avec une frappe angle 2 avec son stick [G] au bras de A

B poursuit par une frappe angle 2 [D] au corps, une frappe angle 1 [G], une frappe angle 1 [D]…

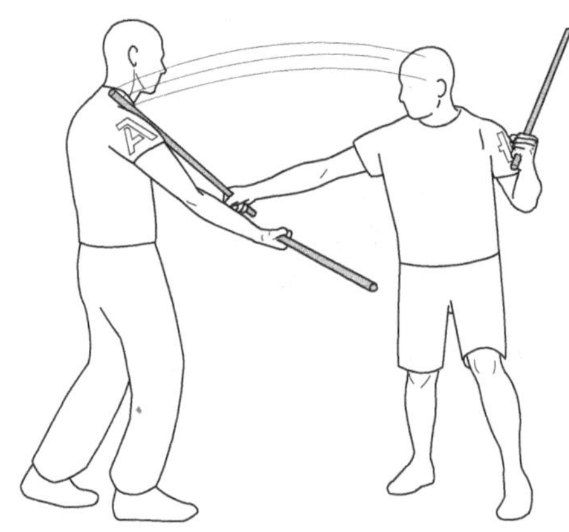

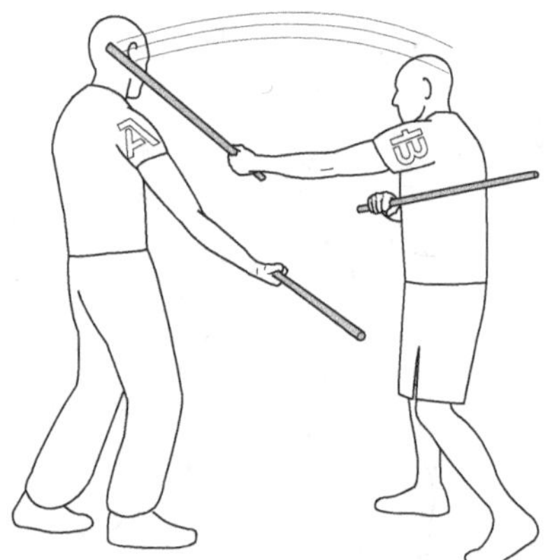

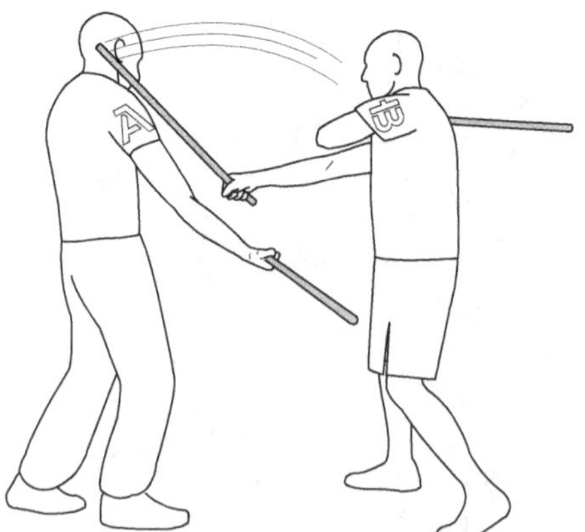

SPARRING

Maintenant que l'eskrimador a une connaissance du Solo Baston et du Doble Baston, il va pouvoir pimenter ses échanges avec son partenaire : Doble Baston contre Doble Baston, Doble Baston contre Solo Baston ou Solo Baston contre Doble Baston.

CARENZA

Comme en Solo Baston, le travail du Carenza, le Shadow Boxing de l'Eskrima, est un exercice roi pour libérer l'expression et renforcer la forme de corps et l'aisance de l'eskrimador.

Si l'objectif est d'aboutir à un travail libre, fluide, variant les attaques, les angles, les déplacements sans qu'un bras gêne l'autre… le pratiquant qui s'initie à cet exercice se demande souvent par où démarrer ?

À mon avis, un bon point de départ est l'exécution des drills Doble Baston dans le vide. Il s'agit à la fois d'un travail de mémorisation de ces enchaînements et une mise en action de sa technicité avec une arme dans chaque main.

Une fois l'aisance acquise, l'eskrimador va commencer à se déplacer, à enchaîner plusieurs drills, puis enfin à s'en affranchir pour arriver à une expression libre.

Couteau

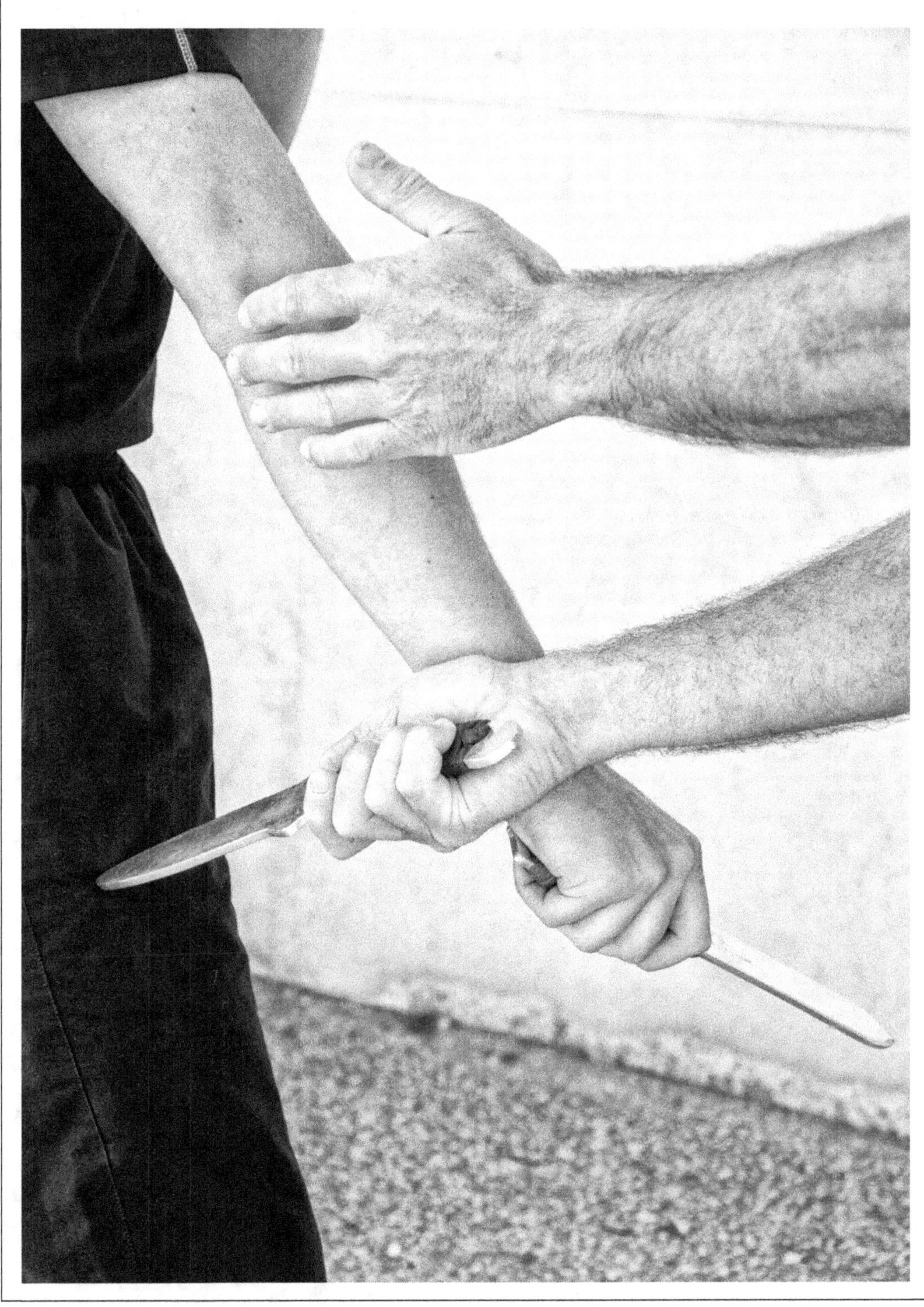

Le travail présenté dans ce chapitre est de l'ordre de l'art martial. Il permet de familiariser le pratiquant avec l'utilisation du couteau, les distances adaptées... et par cette connaissance, savoir mieux s'en défier et s'en défendre.

On est néanmoins là hors du cadre de la légitime défense telle que prévue par la loi française. Il est vivement conseillé à l'eskrimador de compléter cette pratique en participant notamment aux stages proposés par des spécialistes de la défense personnelle comme les formations 'Face à l'Arme Blanche' de l'ACDS (Académie Citoyenne de Défense en Situation, présente en France, Belgique et Suisse).

Car pliant ou fixe, à un seul ou deux tranchants, le couteau est une arme redoutable, facile à se procurer, facile à dissimuler, facile à mettre en œuvre et hautement létale.

Ce chapitre n'est donc en aucun cas une incitation à l'usage du couteau, ou de faire face à une lame à la légère. Il s'agit d'un travail technique qui améliorera votre mécanique corporelle en général, et augmentera vos chances face à une arme blanche courte en particulier.

Pour le travail technique avec partenaire, on utilise des couteaux factices, en plastique, bois ou aluminium dont la pointe et le tranchant sont très émoussés. Pour le sparring on leur préférera le modèle Nok, constitué d'un cœur en bois entouré d'une mousse compacte. On protège les yeux en se munissant de lunettes de protection de type chantier ou balistique.

On peut bien sûr aborder cet aspect de la pratique de manière isolée. Mais dans une progression pédagogique logique, l'eskrimador a tout d'abord travaillé le Solo Baston et acquis les fondamentaux comme les angles et les déplacements. Tout comme le travail préalable du Doble Baston lui a permis d'acquérir la coordination de ses deux mains et la notion de l'espace pour travailler avec un couteau sans se couper lui-même. La base est donc construite, il ne reste qu'à s'adapter aux spécificités de la lame courte, coupante et perforante.

I. Coupes et Piques

Le couteau peut être tenu dans deux grips différents, Grip Marteau et Grip Pic à Glace. L'un comme l'autre permettent d'effectuer des coupes comme des piques.

Travail sur partenaire

Deux coupes au choix

On se familiarise d'abord à quatre coupes de base, en testant les deux grips, deux coupes diagonales essentiellement à la gorge (angles 1 et 2) et deux coupes horizontales à l'abdomen (angles 3 et 4). Le mouvement du poignet doit permettre à la main armée de rester dans l'alignement de l'avant-bras. On laisse la lame glisser pour bien sentir l'effet de coupe.

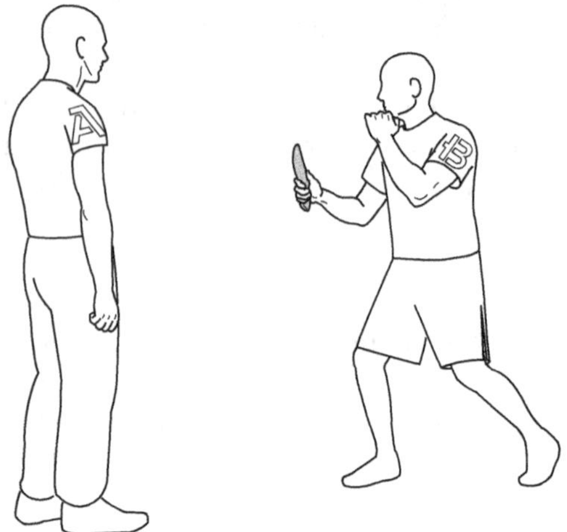

Distance Largo Mano
A se tient droit les bras le long du corps, B en garde avec sa main non armée qui protège sa gorge
B rentre avec un demi-pas et enchaîne deux coupes (par exemple coupe angle 1 et coupe en revers angle 4)
B ressort avec un demi-pas
Plusieurs répétitions puis A et B échangent leurs rôles

On essaye d'enchaîner les coupes avec fluidité, en quittant le moins possible le corps du partenaire. On va aussi varier les angles et s'essayer dans les deux grips.

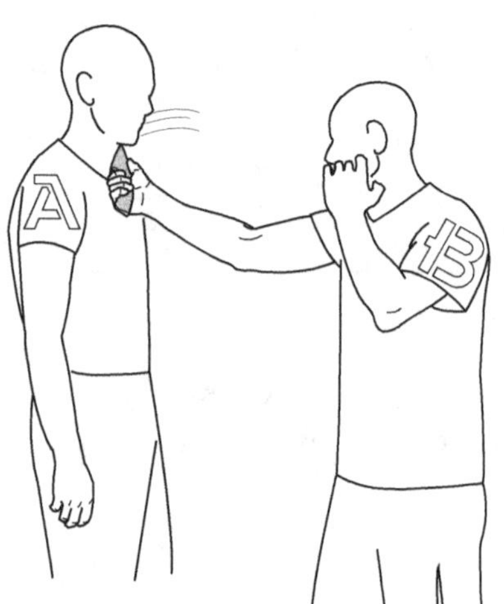

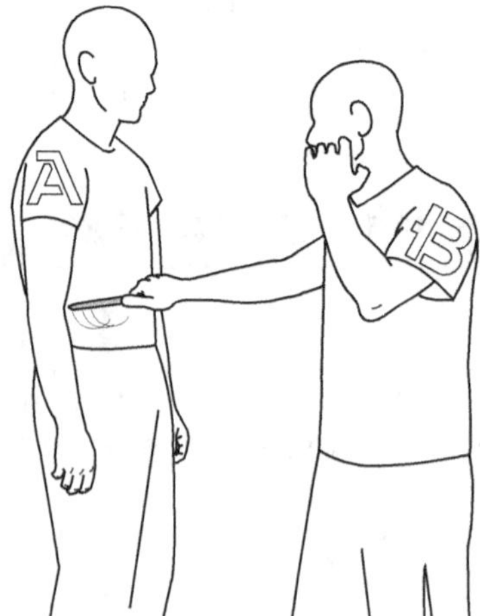

Coupes et Piques

Coupes et Piques

COUPE ET PIQUE

Même exercice, mais on enchaîne une coupe et une pique. On respecte toujours le même principe de quitter le moins possible le contact avec le corps du partenaire. On va donc choisir des angles qui se suivent logiquement comme une coupe descendante et une pique remontante (coupe en angle 1 et pique en angle 6 par exemple).

Distance Largo Mano
A se tient droit les bras le long du corps, B en garde avec sa main non armée qui protège sa gorge
B rentre avec un demi-pas et enchaîne une coupe et une pique
B ressort avec un demi-pas
Plusieurs répétitions puis A et B échangent leur rôle

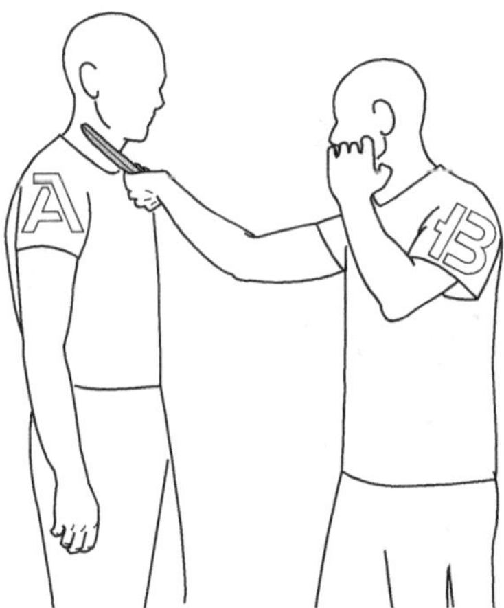 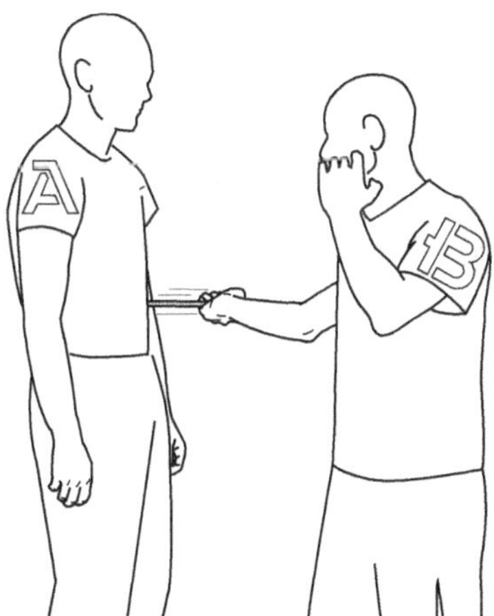

DEUX COUPES ET UNE PIQUE

L'exercice est identique mais on enchaîne deux coupes avant de finaliser avec une pique. Pour cette dernière, on choisit des cibles molles, en évitant 'l'armure osseuse' que forme la cage thoracique.

TRAVAIL AVEC PARTENAIRE SUR CONTRE NATUREL

Pour les exercices suivants, A est mains nues, B est armé d'un couteau tenu main droite. On s'essaye aux deux grips.

PIQUES 1/3/4/2

Distance Largo Mano

B entre avec un demi-pas et sert une pique à la gorge en angle 1
A fait un blocage naturel en interposant le dos de son avant-bras [G] au niveau du poignet de B
La pique de B se transforme en coupe à la gorge par une rotation du poignet, annulant l'effet du blocage
B ressort avec un demi-pas

Alternativement la coupe peut être au bras ou au corps. B peut aussi utiliser le dos de sa lame pour dégager la protection de A (ouvrir) avant de couper.

Le blocage naturel va être un réflexe de celui qui voit arriver l'attaque en pique. Dès qu'il y a contact avec la défense, l'attaquant s'adapte et modifie son mouvement pour toucher finalement avec une coupe.

B enchaîne les quatre angles en entrant et ressortant de la distance à chaque fois.

B entre avec un demi-pas et sert une pique au flanc en angle 3
A fait un blocage avec son avant-bras [G]
B utilise un mouvement du poignet ou un trapping avec le dos de sa lame pour annuler la protection et effectuer une coupe
B ressort avec un demi-pas

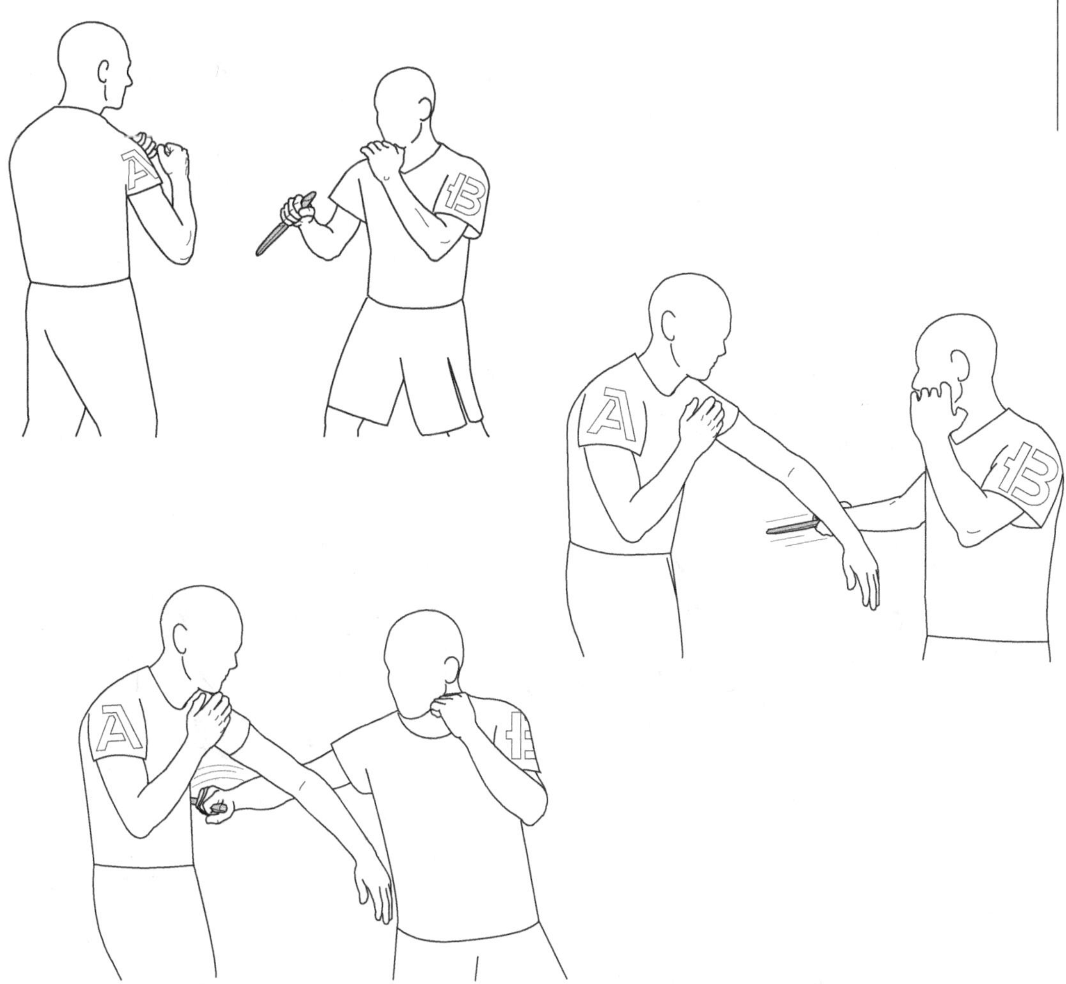

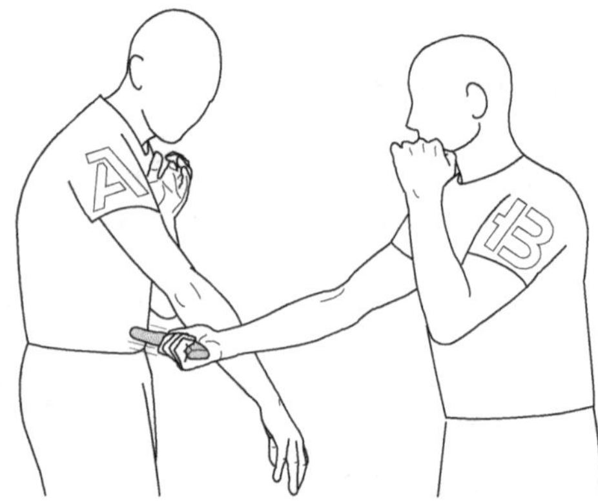

B entre avec un demi-pas et sert une pique au flanc en angle 4
A fait un blocage avec son avant-bras [D]
B annule la protection avec un trapping et coupe
B ressort avec un demi-pas

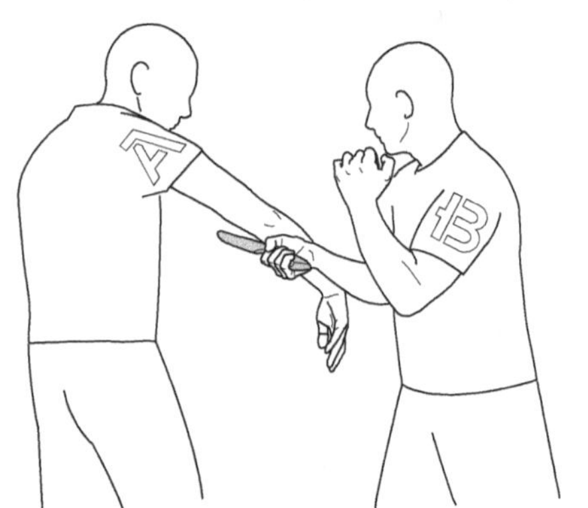

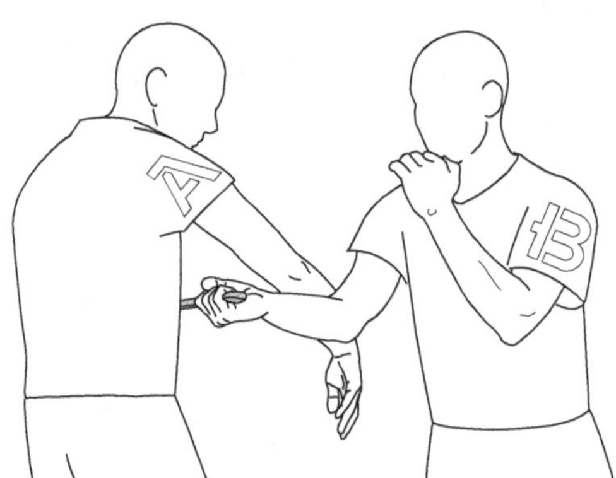

B entre et sert une pique à la gorge en angle 2
A fait un blocage avec son avant-bras [D]
B annule la protection et coupe
B ressort

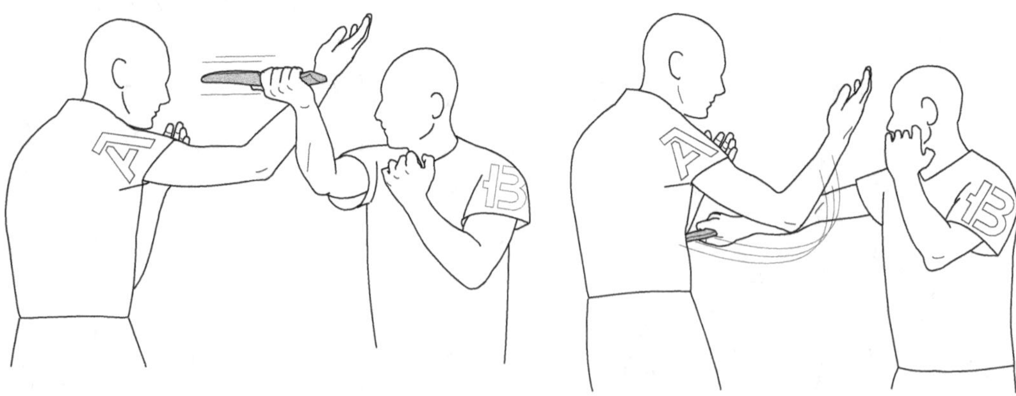

A et B échangent leurs rôles

Piques 1/3/4/2 et Main non armée

On travaille à nouveau sur 4 attaques en pique avec réaction du partenaire en blocage naturel avec son bras du côté d'où vient l'attaque.

Mais cette fois-ci, l'attaquant dégage la protection en utilisant sa main non armée.

Distance Largo Mano

B entre et sert une pique à la gorge angle 1
A fait un blocage naturel avec son avant-bras [G]
B vient dégager le bras de A avec un Check de sa main vide au coude
(en passant par-dessous)
B peut maintenant piquer à la gorge ou dans les reins
B ressort de la distance

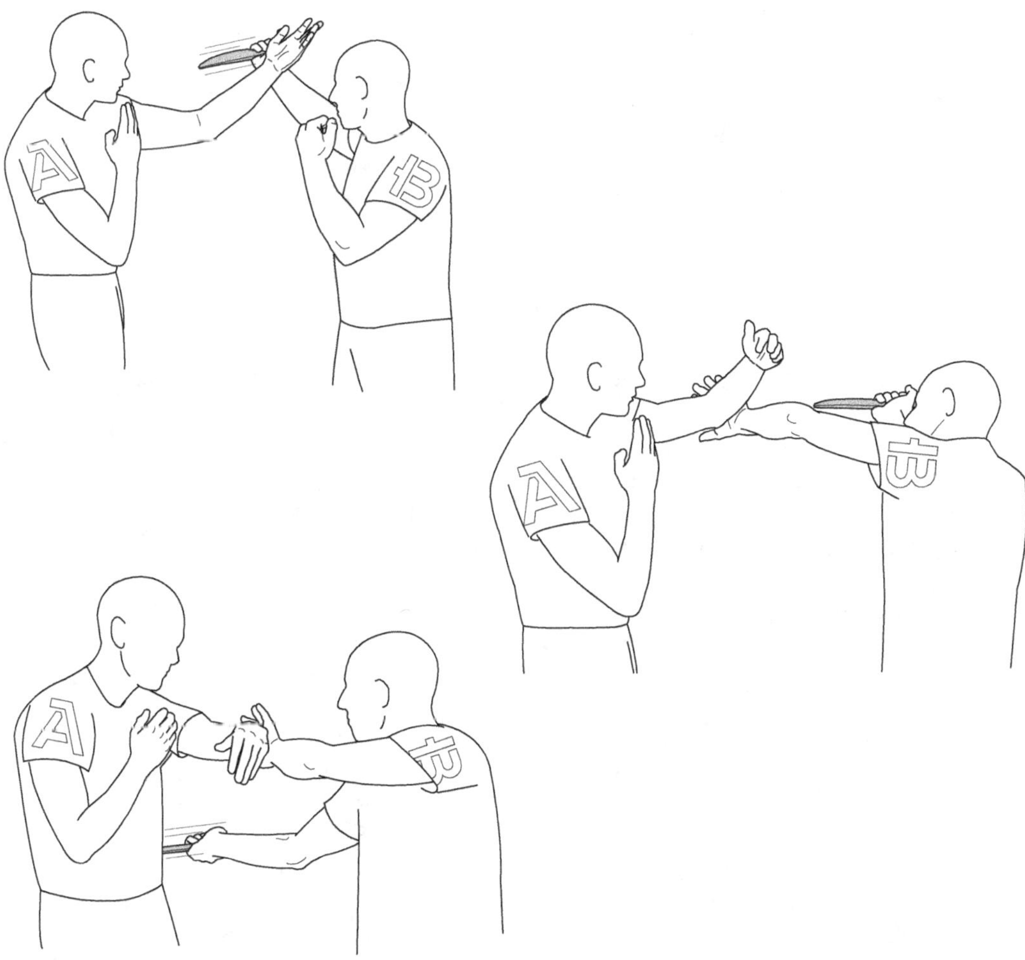

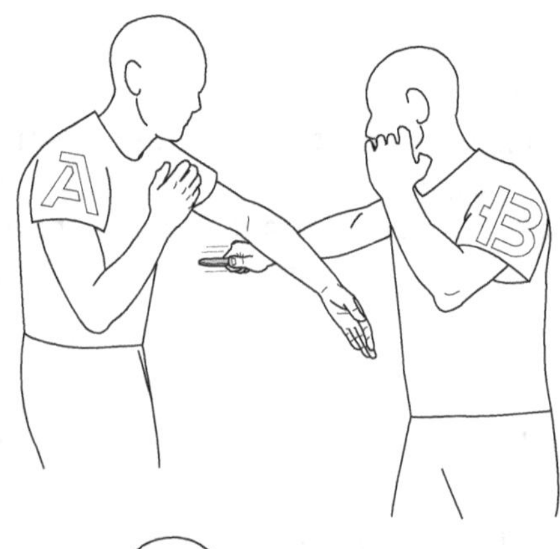

B entre et sert une pique à l'abdomen angle 3
A fait un blocage naturel avec son avant-bras [G]
B vient dégager le bras de A avec un Check de sa main vide au coude (par-dessus)
B peut maintenant piquer dans l'abdomen ou les reins
B ressort de la distance

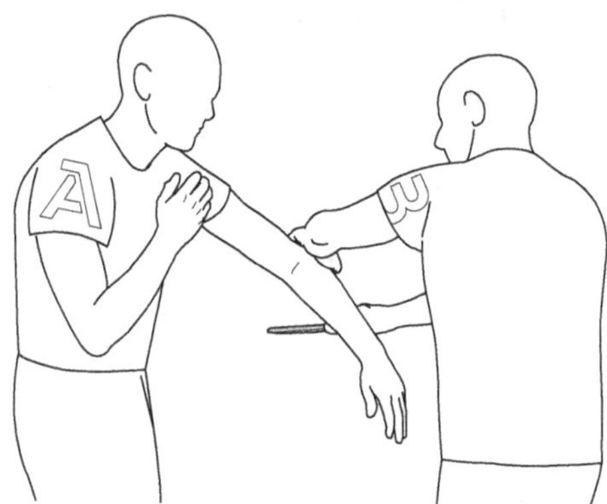

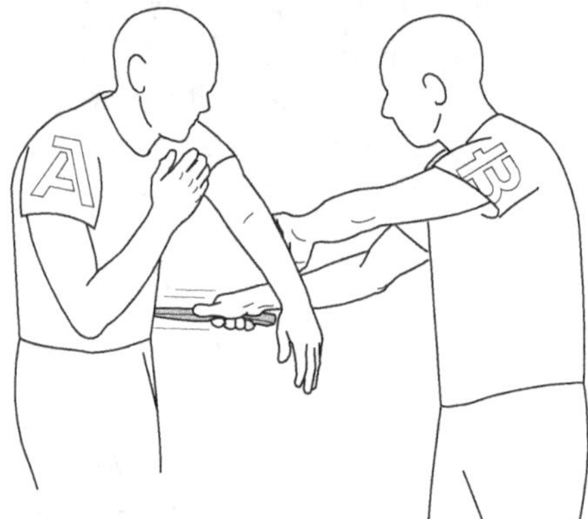

B entre et sert une pique à l'abdomen angle 4
A fait un blocage naturel avec son avant-bras [D]
B vient dégager le bras de A avec un Check de sa main vide au coude (par-dessus)
B peut maintenant piquer dans l'abdomen
B ressort de la distance

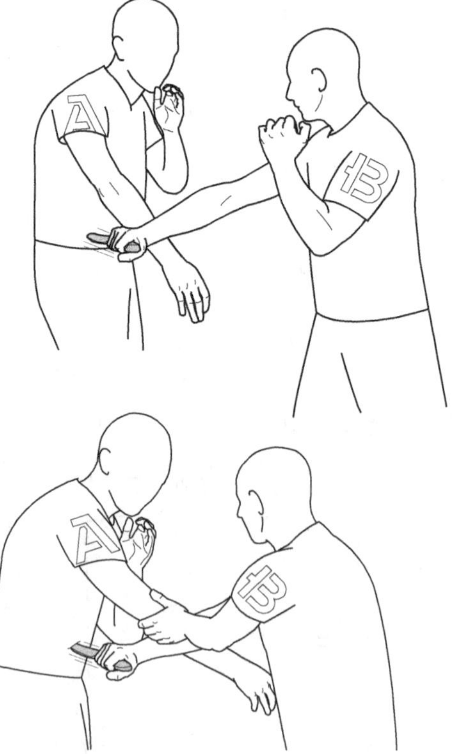

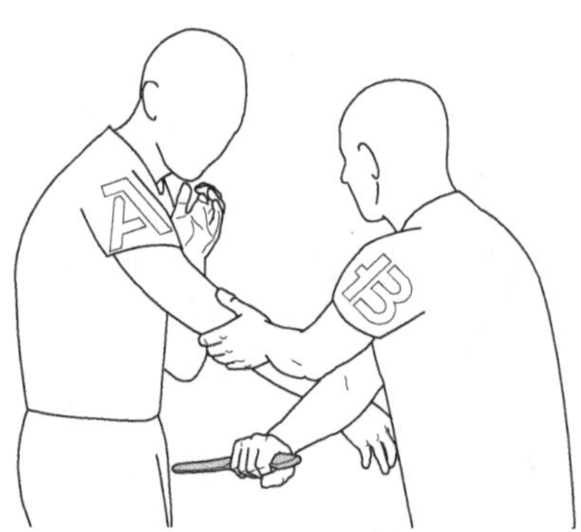

B entre et sert une pique à l'abdomen angle 2
A fait un blocage naturel avec son avant-bras [D]
B vient dégager le bras de A avec un Check de sa main vide au coude (par-dessous)
B peut maintenant piquer à la gorge
B ressort de la distance

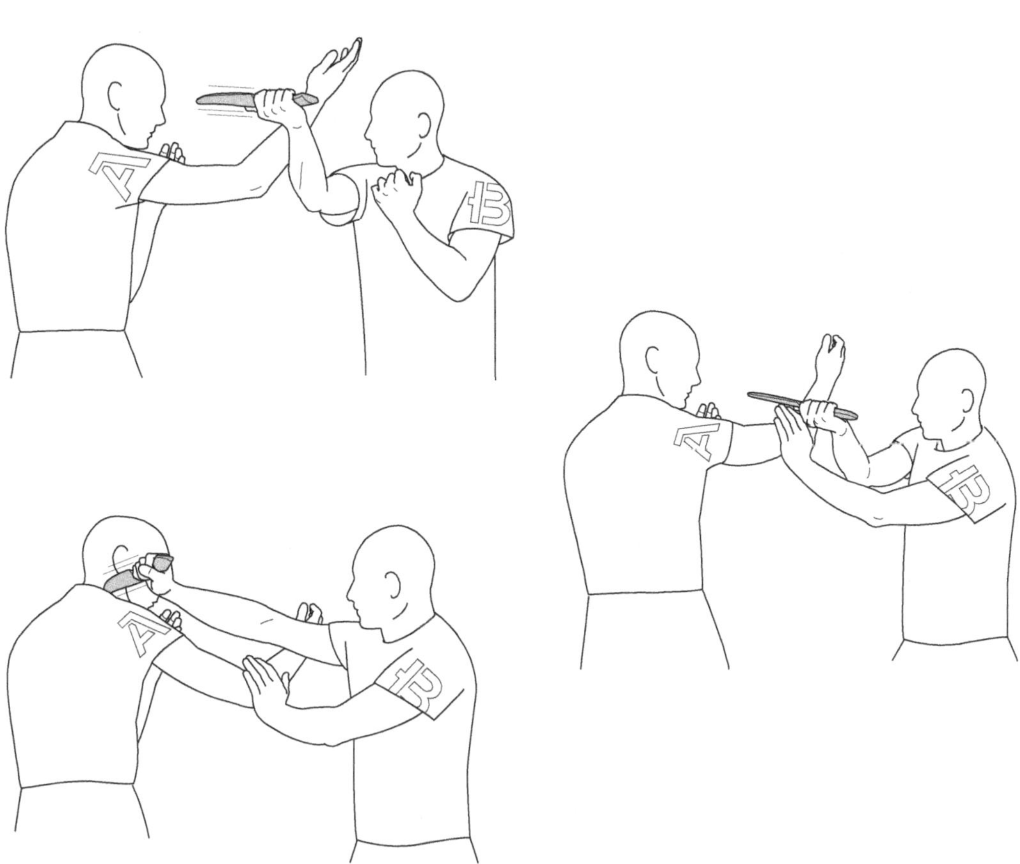

A et B échangent leurs rôles

II. Contres et Contre-attaques

Mettre en œuvre un couteau face à un couteau permet d'égaliser le potentiel offensif, mais aucunement le potentiel défensif. On ne peut pas se servir d'un couteau comme d'un bouclier ou pour parer. La première des protections est la distance de sécurité. On va donc à minima travailler à distance Largo Mano à l'engagement du combat. À distance Medio Contrada, ou Corto, qui se confondent presque du fait de la longueur de l'arme, il est quasi impossible de se rendre compte des attaques de l'adversaire.

Pourtant, pour assurer la dynamique de certains éducatifs, on va volontairement se placer à la distance biaisée de Medio Contrada, tout en gardant à l'esprit qu'il s'agit d'une contrainte de l'exercice et non d'une distance cohérente d'engagement au couteau.

C'est notamment le cas des deux éducatifs suivants où l'on va travailler contre les cinq angles de base, et proposer au passage des contre-attaques immédiates. Lors du travail Solo Baston on avait isolé les contres avant de voir les contre-attaques. On considère ici que le pratiquant a déjà intégré suffisamment du système pour associer les deux dans un cadre dynamique.

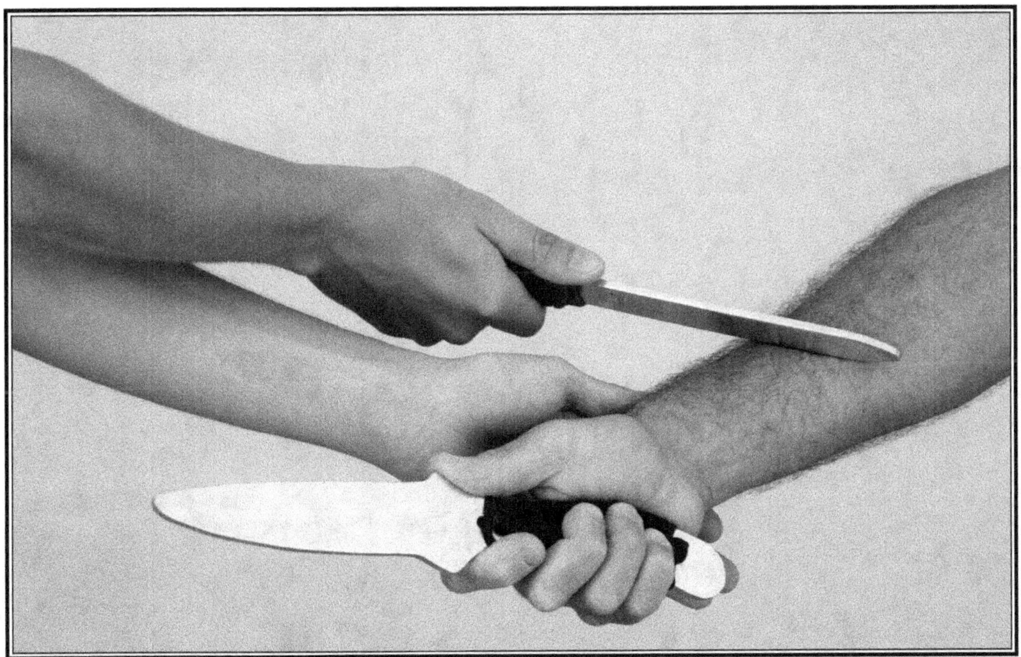

EDUCATIF TRADITIONNEL

A et B sont armés d'un couteau et le tiennent en grip Marteau.

Distance Medio Contrada
A sert une coupe angle 1 à la gorge
B bloque avec son avant-bras non armé et simultanément effectue une coupe remontante dans l'avant-bras de A

On retrouve là le mouvement de Crossada vu lors du travail Doble Baston.

Face à une attaque au couteau, le premier objectif important reste de ne pas être touché. On va donc s'efforcer, tout en effectuant le blocage, d'éloigner les cibles en se déplaçant (avec un pas, un pivot et/ou une exagération corporelle). On achète de la distance. L'une des difficultés de l'exercice est de rester malgré cela à distance Medio Contrada.

B sert une seconde coupe au bras descendante et enchaîne avec une coupe au flanc et une pique à l'abdomen

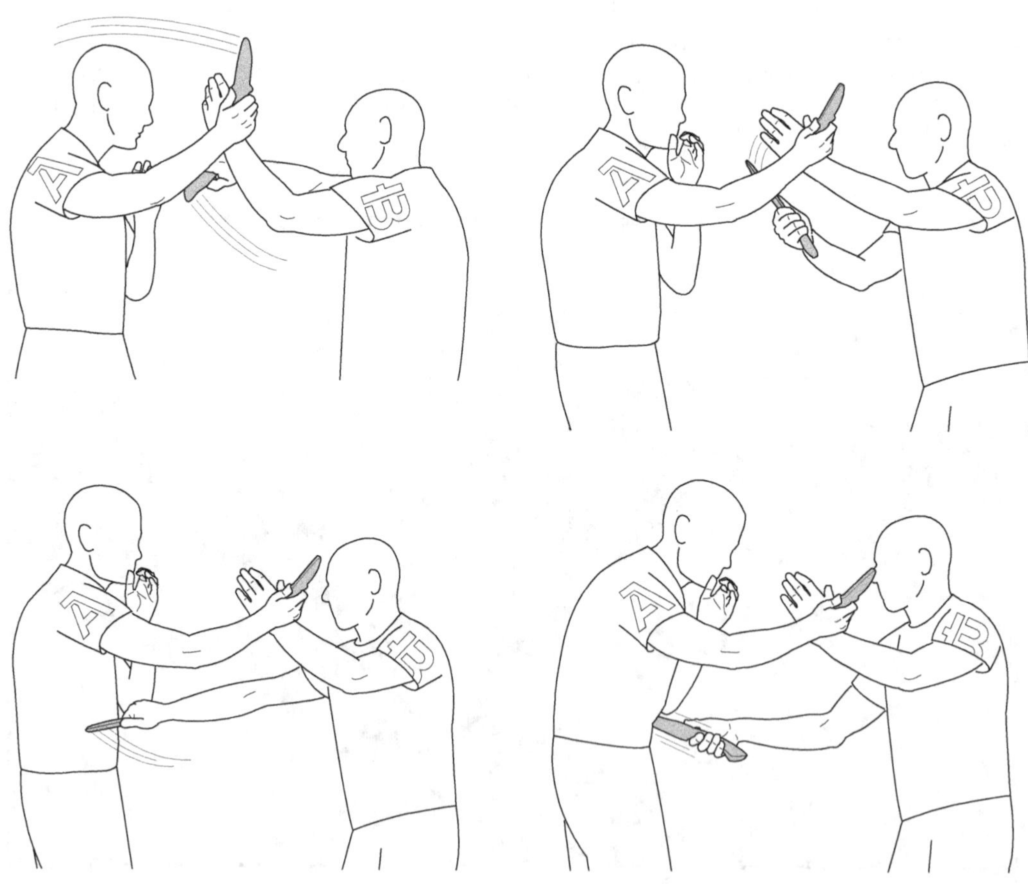

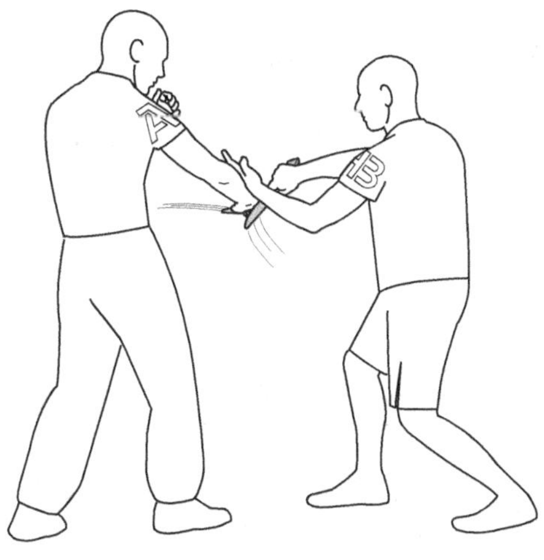

A sert une coupe angle 4 à l'abdomen
B bloque avec son avant-bras non armé, tout en achetant de la distance, et effectue une coupe remontante dans l'avant-bras de A
B sert une seconde coupe au bras descendante
B redirige le bras armé de A pour ouvrir la garde

Lors de la redirection, on prend garde à ne pas laisser une partie de son corps sur le trajet de la lame. Pour cela on va aussi bien utiliser la mobilité qu'exercer une pression vers l'adversaire.

B sert deux contre-attaques au corps, une coupe et une pique

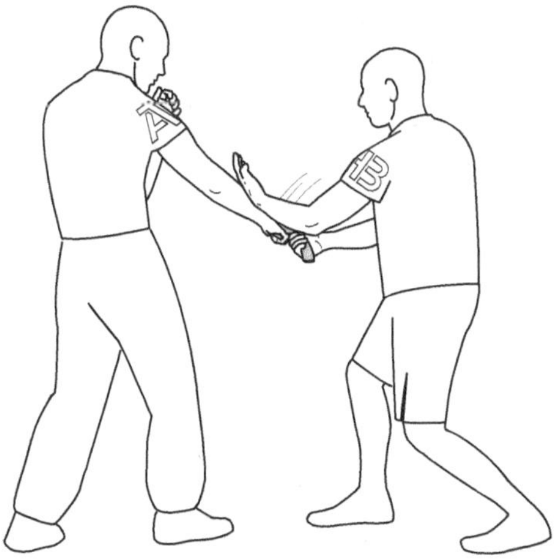

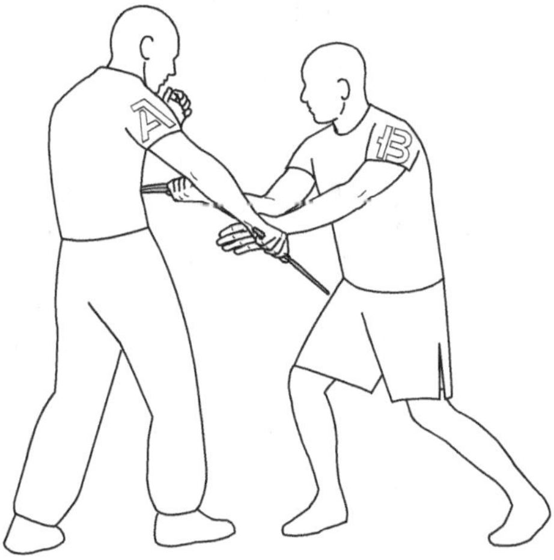

A sert une coupe angle 3 à l'abdomen
B bloque avec son avant-bras non armé, tout en achetant de la distance, et effectue une coupe remontante dans l'avant-bras de A
B sert une seconde coupe au bras descendante et enchaîne avec deux contre-attaques au corps, une coupe et une pique

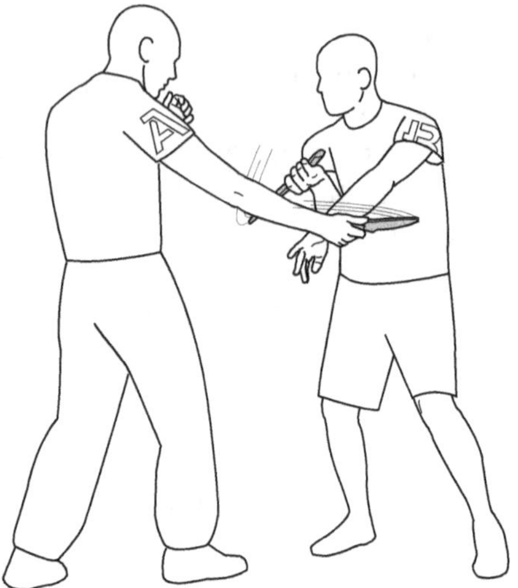
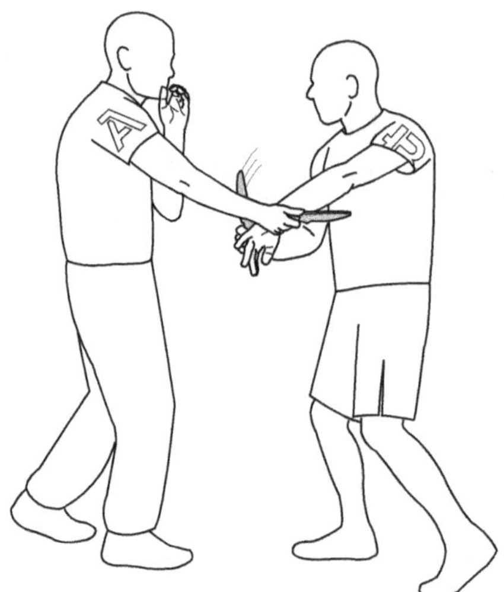

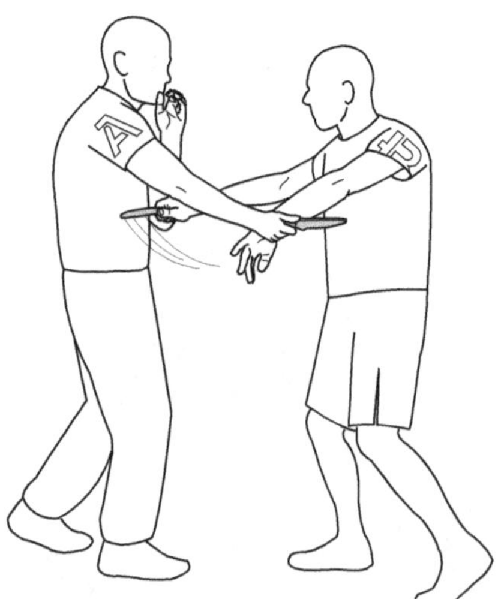
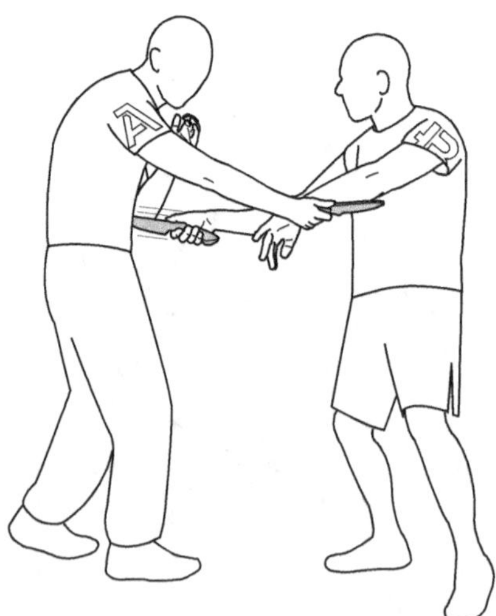

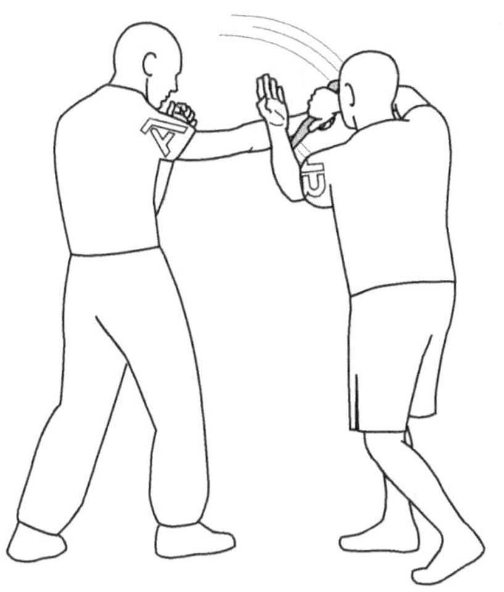

A sert une coupe angle 2 à la gorge
B bloque avec son avant-bras non armé, tout en achetant de la distance, et effectue une coupe remontante dans l'avant-bras de A
B sert une seconde coupe au bras descendante
B enchaîne avec deux contre-attaques au corps, une coupe et une pique

Lors des coupes à l'avant-bras, on prend soin de ne pas risquer de se blesser soi-même. Pour que le bras qui effectue le blocage ne soit pas sur le trajet de la lame, contre l'angle 1 et l'angle 3, B exécute la coupe entre la main qui fait le blocage et l'épaule de A. Contre l'angle 4 et l'angle 2, les coupes de contre-attaque se font entre l'avant-bras de B qui exécute le blocage et la main de A.

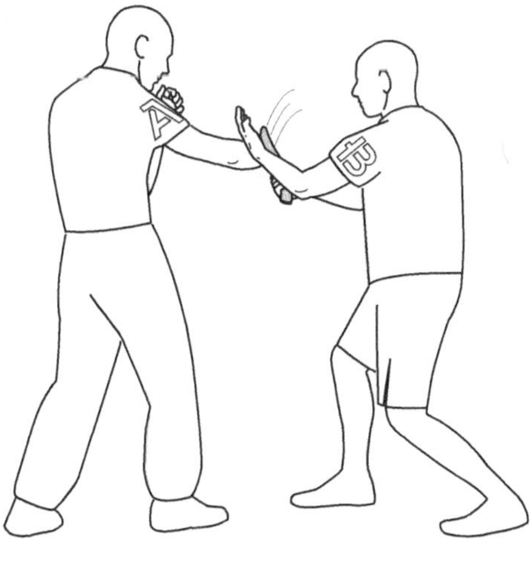

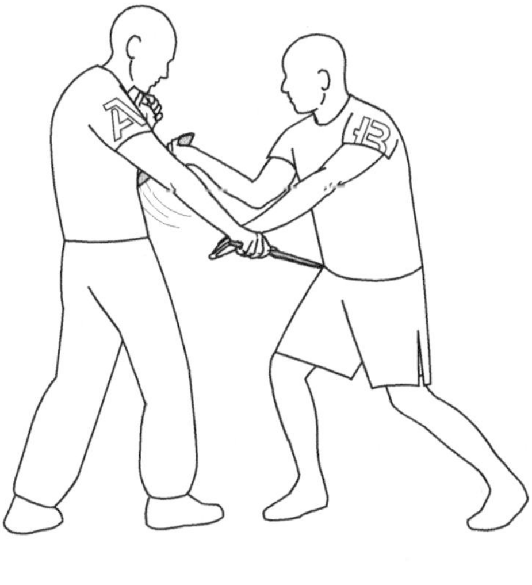

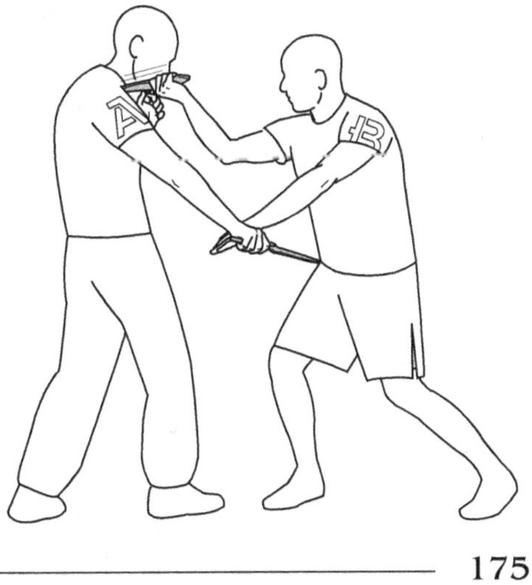

A sert une pique angle 5 à l'abdomen
B dévie l'attaque avec sa main non armée en sortant de la ligne d'attaque par l'extérieur, ou avec son avant-bras non armé en passant sur l'intérieur
B effectue simultanément une coupe au bras de A, entre sa propre main et l'épaule de A
B double sa coupe au bras et enchaîne avec une pique au corps

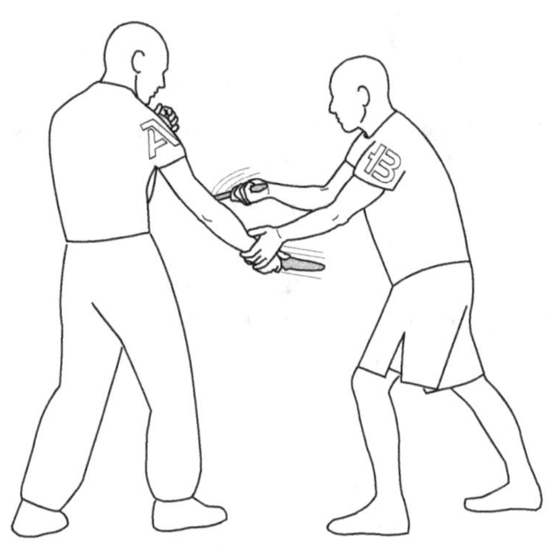
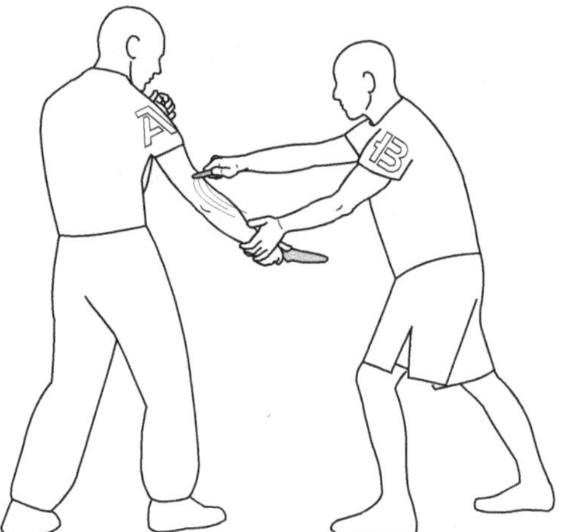

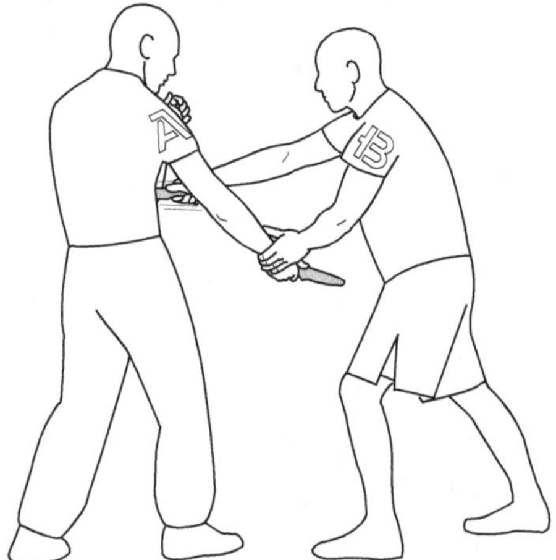

A et B échangent leurs rôles

VARIANTE

A tient son arme en grip Marteau, mais B saisit son couteau en grip Pic à Glace.

Educatif 'Combative'

Dans l'éducatif précédent, les blocages étaient effectués avec le bras non armé. Dans celui-ci, on va bloquer avec le bras du côté d'où vient l'attaque, comme le blocage naturel.

D'autre part, au lieu de contre-attaquer avec des coupes dans l'avant-bras, pas forcément pertinentes face à un adversaire portant des vêtements épais, on va tout de suite piquer.

A et B sont armés d'un couteau et le tiennent en grip Marteau.

Distance Medio Contrada
A sert une coupe angle 1 à la gorge
B bloque avec son avant-bras non armé, tout en achetant de la distance, et simultanément pique dans le creux de l'épaule
B redirige le bras armé de A avec sa main armée par en-dessous, puis contrôle le bras au coude avec un Check de sa main vide (libérant ainsi sa lame)
B sert deux piques dans le flanc

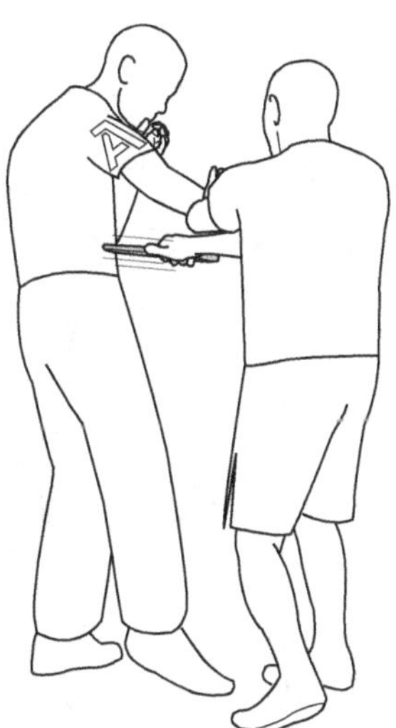

A sert une coupe angle 4 à l'abdomen
B bloque avec son avant-bras armé, tout en achetant de la distance
B check au coude avec sa main vide pour libérer sa lame
B sert deux piques au foie
B sert une pique à la gorge

On prend soin de ne pas perdre le contact avec le bras armé de l'adversaire pour se protéger d'une tentative de réplique. Si la main armée effectue le blocage, le Check de la main vide vient la libérer et garde le contrôle pendant les piques.

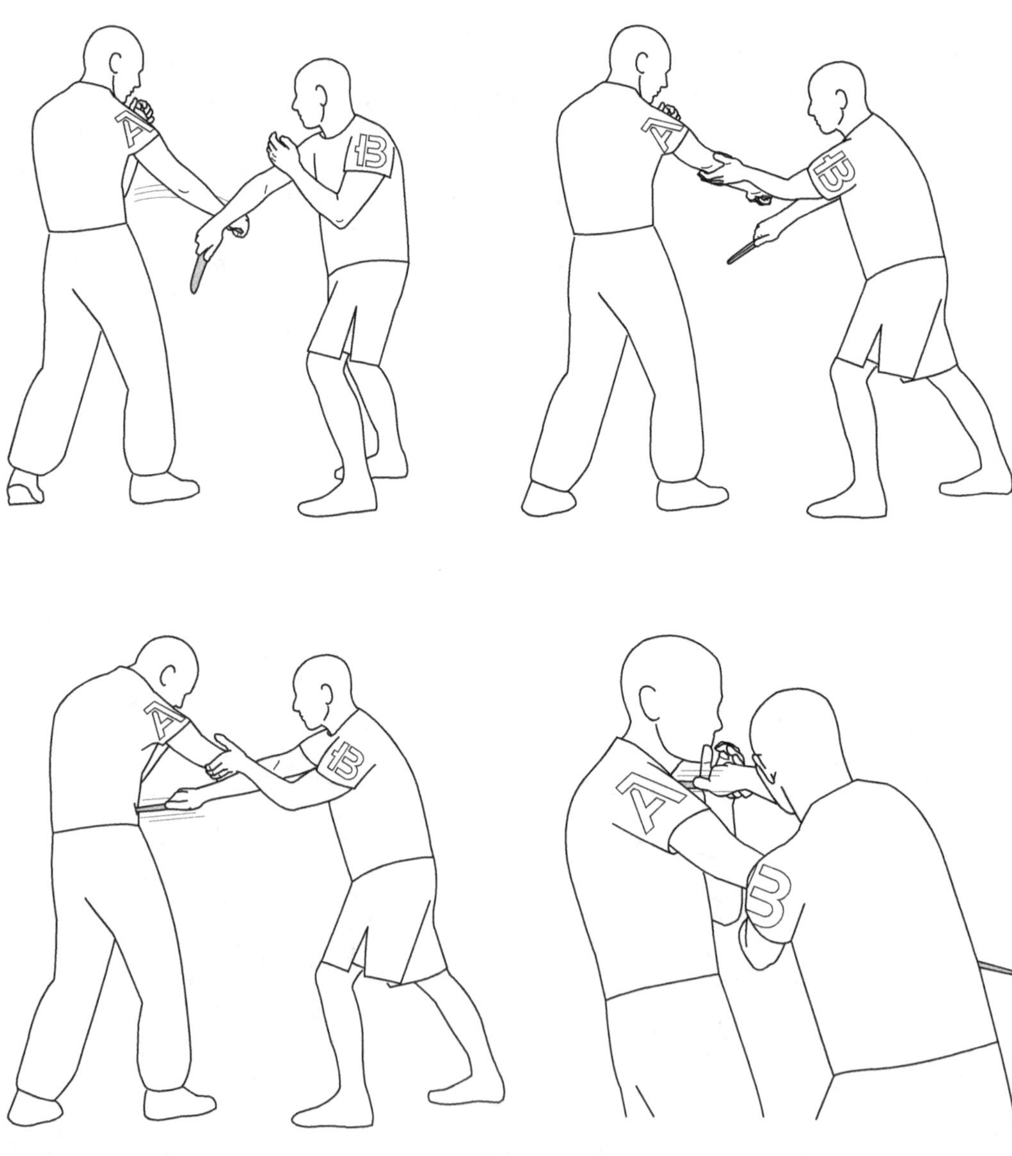

A sert une coupe angle 3 à l'abdomen
B bloque avec son avant-bras non armé, tout en achetant de la distance, et pique dans le creux de l'épaule
B redirige la bras armé de A avec sa main armée par en-dessus, puis contrôle le bras au coude avec un Check de sa main vide
B sert deux piques dans le flanc

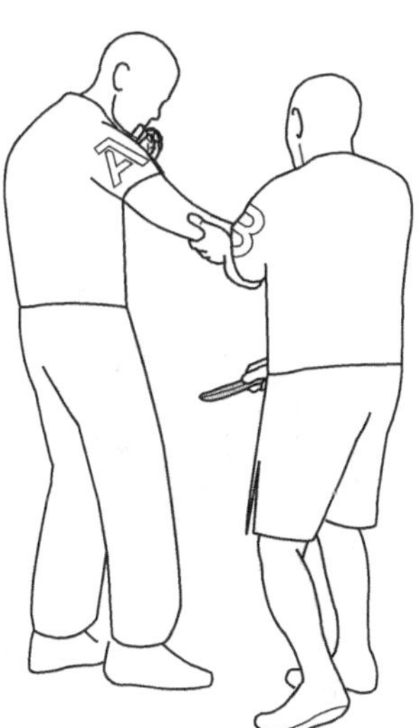
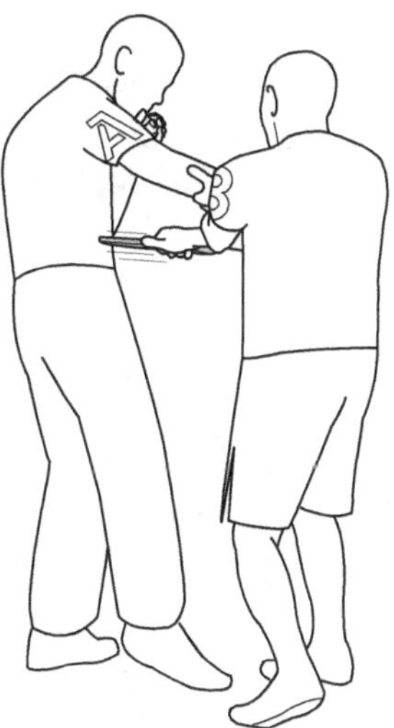

A sert une coupe angle 2 à la gorge
B bloque avec son avant-bras armé, tout en achetant de la distance
B check au coude avec sa main vide, libérant sa main armée
B descend le bras de A et pique deux fois à la gorge

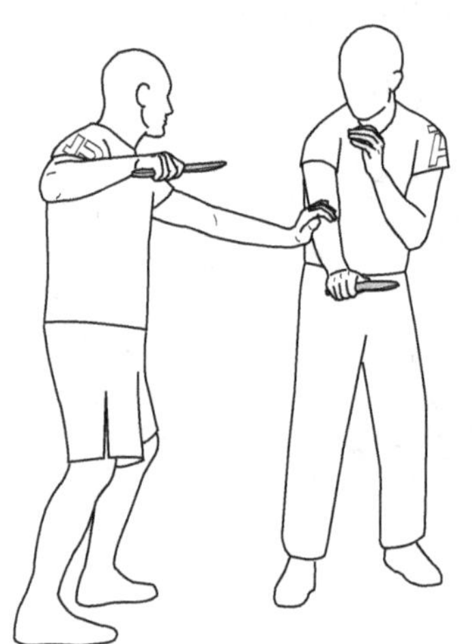

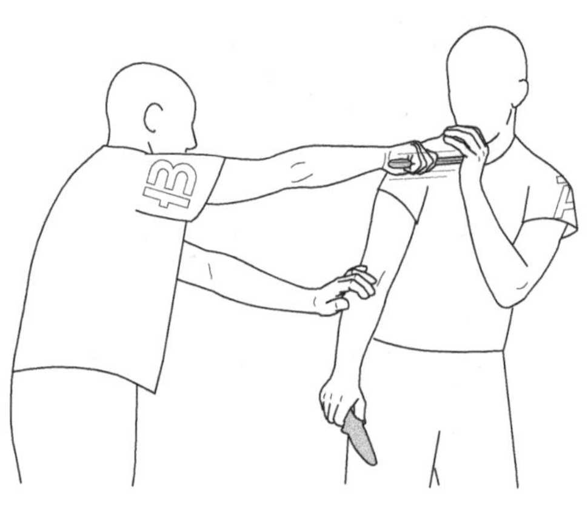

A sert une pique angle 5 à l'abdomen
B sort de la ligne d'attaque sur l'extérieur tout en déviant la lame avec un Check au coude de A, et pique deux fois à l'abdomen

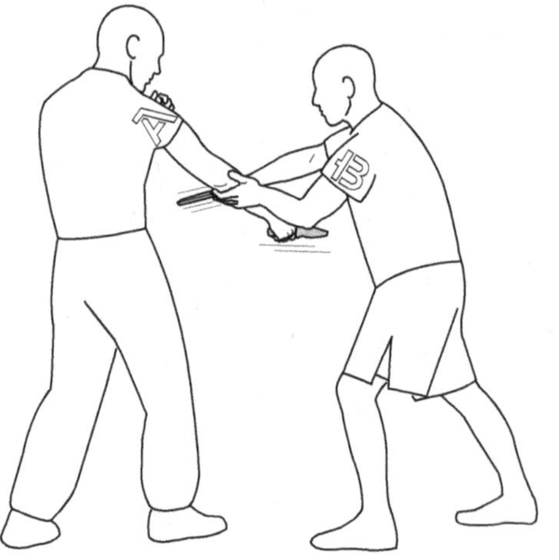

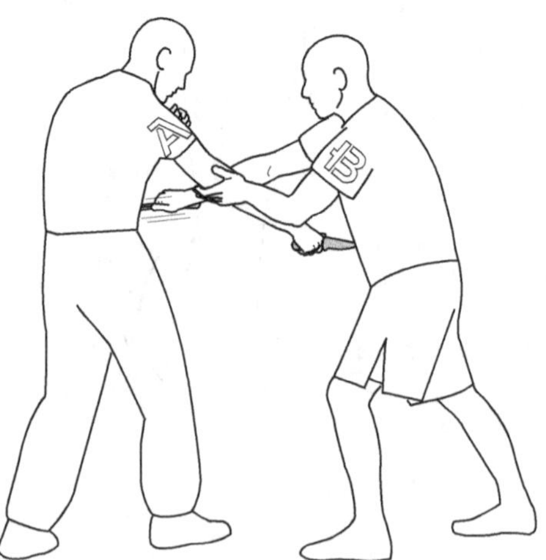

III. DRILLS

SUMBRADA 5

Il s'agit donc d'un éducatif 'à toi à moi' sur 5 attaques. Pour la bonne exécution du drill, on se place dans une distance volontairement biaisée, qui n'est clairement pas une distance d'engagement de combat au couteau. Il faut bien faire la distinction entre l'exercice, l'éducatif, et le combat (si il est besoin de le répéter).

A et B sont armés d'un couteau tenu en grip Marteau main droite.

Distance Medio Contrada
A sert une coupe en angle 1
B contre en Crossada avec coupe
B sert une coupe en angle 1
A contre en Palis avec coupe
A sert une coupe en angle 4
B contre avec un Crossada en ouverture avec coupe
B sert une pique en angle 5
A contre avec un Crossada en fermeture avec coupe
A sert une pique angle 2
B contre avec un Check qui pousse le poignet de A sur sa lame
B sert une coupe en angle 1
A contre en Crossada…

Sumbrada 5

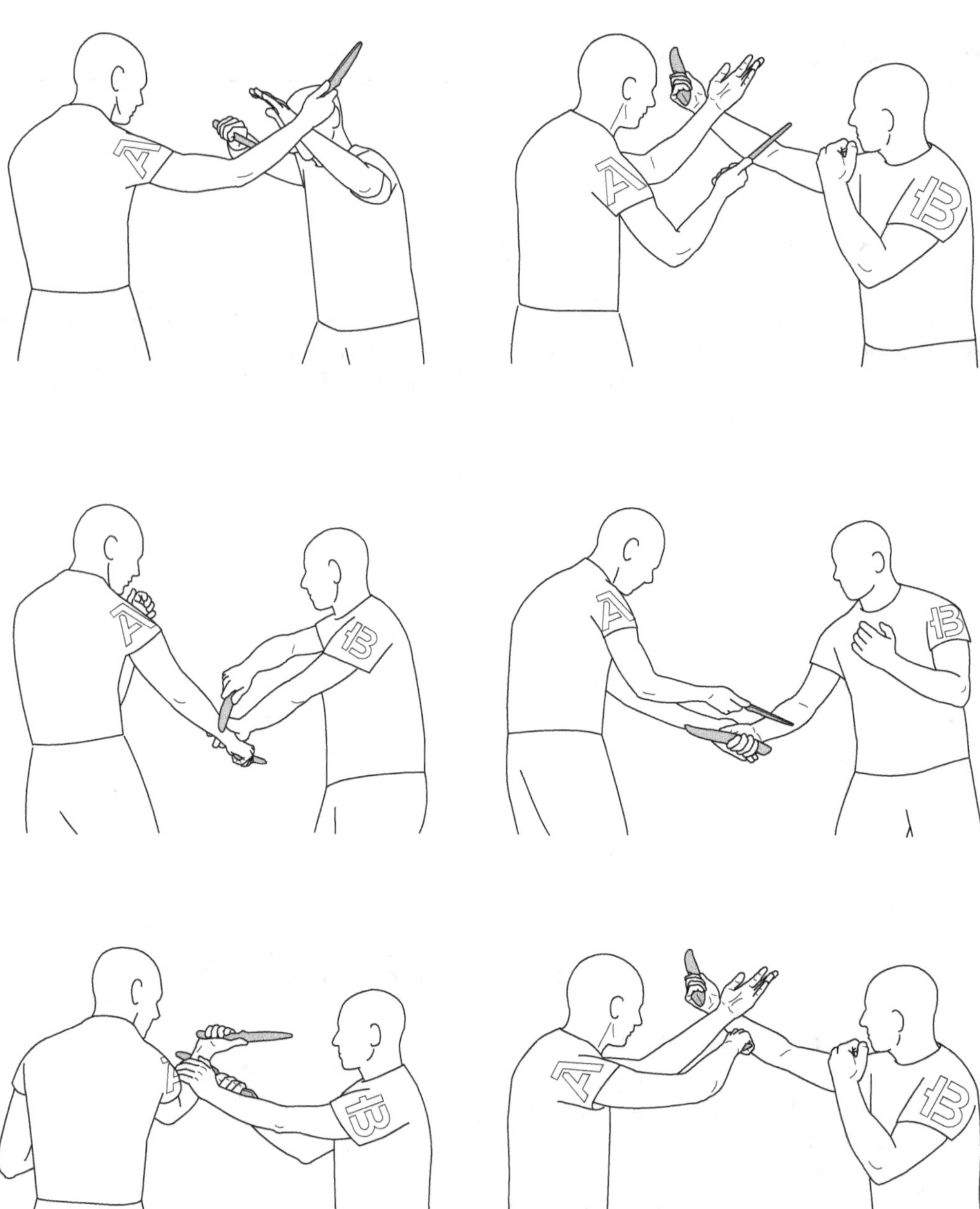

CUT & SLASH

On est là sur un drill de niveau intermédiaire qui commence à se rapprocher du sparring, sans encore en être. C'est un travail dynamique, libre, mais toujours codifié. On va notamment s'efforcer de servir des attaques lisibles à son partenaire pour qu'il puisse travailler.

A et B sont armés d'un couteau et vont travailler sur des attaques en coupe, angle libre, sur un principe 'à toi à moi'. L'attaque se fait à la gorge, au corps ou à la jambe. La contre-attaque se fait au bras. L'important est de ne pas être touché par l'attaque. La contre-attaque est secondaire.

> Distance d'engagement Largo Mano
> A sert une coupe
> B se protège (blocage ou parade) et coupe le bras armé de A simultanément
> B sert une coupe
> A se protège et coupe le bras armé de B simultanément
> A sert une coupe, B se protège…

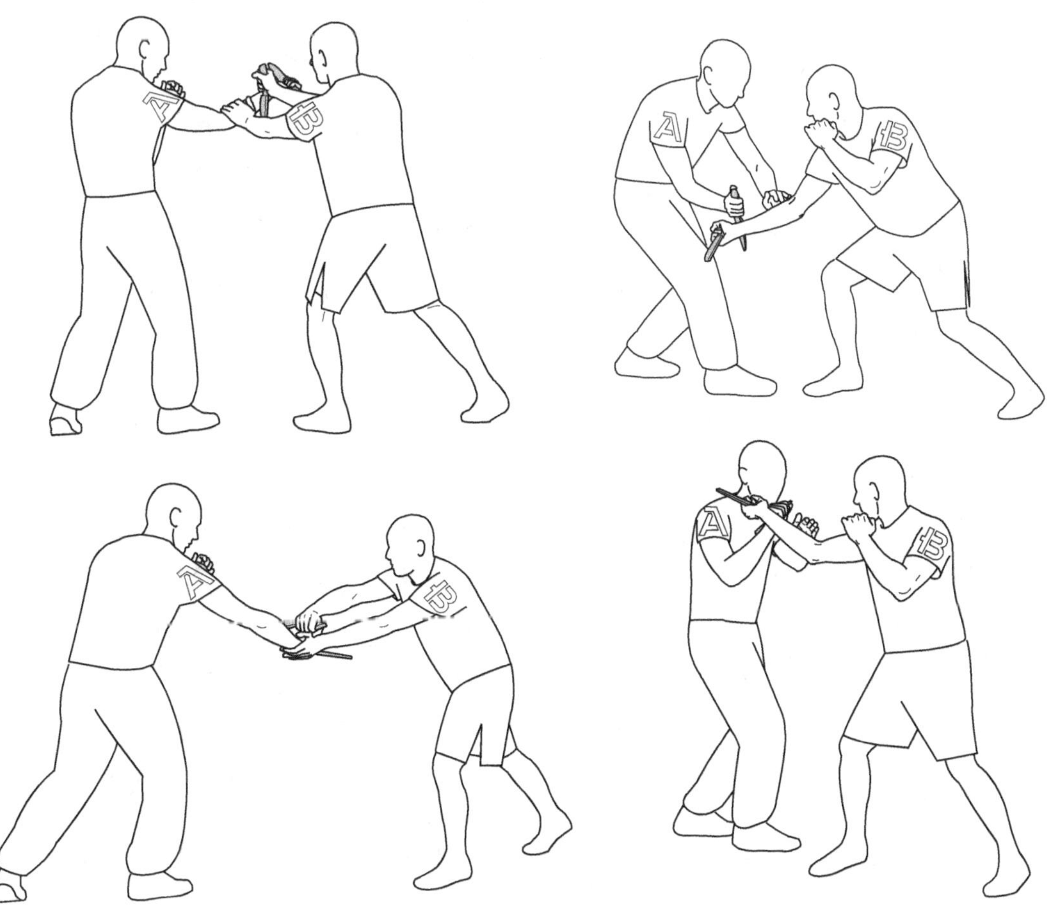

Stab & Slash

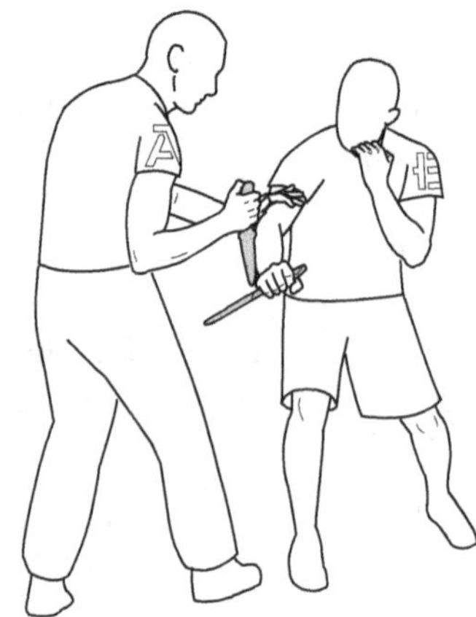

Même travail que pour Cut & Slash, à part que les deux partenaires ne servent pour les attaques que des piques.

Distance d'engagement Largo Mano
B sert une pique
A se protège (blocage ou parade) et coupe le bras armé de B simultanément
A sert une pique
B se protège et coupe le bras armé de A simultanément
…

Cut or Stab & Slash

On va mixer les deux drills précédents pour libérer encore un peu plus l'expression des deux partenaires.

Distance d'engagement Largo Mano
B sert une coupe ou une pique
A se protège (blocage ou parade) et coupe le bras armé de B simultanément
A sert une coupe ou une pique
B se protège et coupe le bras armé de A simultanément
…

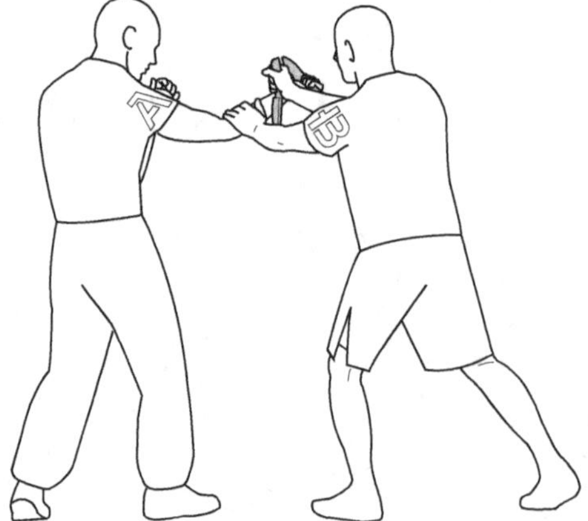

IV. Applications

Contre Attaque Angle 1

A et B sont armés d'un couteau.

Distance Largo Mano
A (grip Marteau) sert une pique angle 1 à la gorge
B (grip Pic à Glace) bloque avec son avant-bras non armé, en achetant de la distance, et contre-attaque avec une coupe au tendon au-dessus du creux du coude
B redirige le bras de A avec le dos de sa lame, puis avec un Check au coude (libérant ainsi son arme)
B sert une coupe à la gorge
B récupère la main de A avec le dos sa lame et saisit le gras du pouce de A avec sa main vide
B provoque le désarmement par une coupe des tendons du poignet

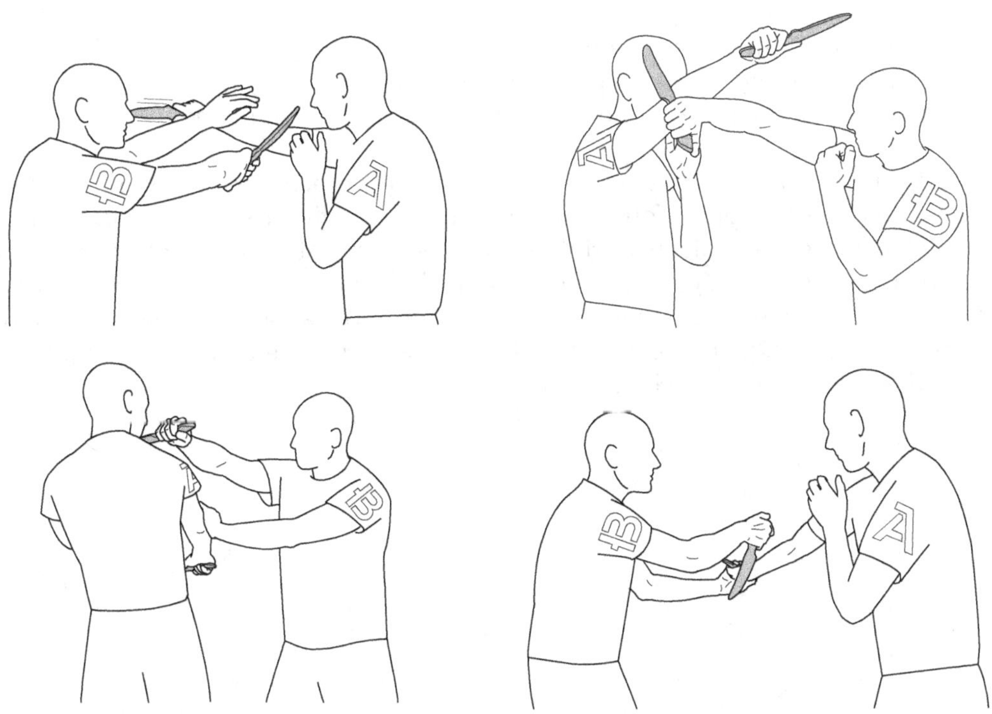

CONTRE ATTAQUE ANGLE 3

Distance Largo Mano
A (grip Marteau) sert une pique angle 3 à l'abdomen
B (grip Pic à Glace) bloque avec son avant-bras non armé, en achetant de la distance, et contre-attaque avec une coupe remontante au tendon au-dessus du creux du coude
B crochète l'avant-bras de A avec le dos de sa lame et redirige le bras vers le corps comme s'il servait une pique à la cuisse de A. Il échange son contrôle sur le bras avec une pression de son avant-bras non armé (libérant son arme)
B sert une coupe à la gorge
B récupère le poignet de A avec sa main armée en prise 'briquet' (pince entre le pouce et le manche du couteau) pour l'amener à sa main non armée
B sert une coupe à la cuisse
B provoque le désarmement par une coupe des tendons du poignet armé de A

Lors de la manipulation, saisie, contrôle et redirection, du bras armé de A, on retrouve toujours l'idée de pouvoir interchanger les mains tout en maintenant le contact. Un crochetage avec le dos de la lame est suivi par un Check. Une redirection avec la main armée amène à la main vide... L'idée étant de contrôler, et donc de se protéger de la lame de l'adversaire, sans la libérer, et de l'amener où l'on veut pour provoquer le désarmement. Ici, d'ailleurs, on utilisera une coupe immédiatement incapacitante des tendons, puisque l'on est armé, plutôt que de se lancer dans un désarmement compliqué.

La saisie de la main armée de A avec la main vide se fait au niveau du gras du pouce et non au niveau du poignet. On limite ainsi la mobilité de la main et de l'arme, et surtout on ne se coupe pas soi-même lors du désarmement.

Désarmer l'adversaire, "enlever les crochets du serpent" pour citer l'expression des eskrimadors philippins, ou annuler sa capacité à utiliser son arme contre nous, est d'ailleurs un des objectifs prioritaires. Une lame, et notamment courte, reste dangereuse sans inertie, et peut encore être facilement mise en œuvre même par un opposant qui a le dessous. Donc, même dans une application qui se veut technique, permettant au pratiquant d'exercer sa dextérité et sa palette de contre-attaques, on va privilégier les coupes au bras et au poignet armé.

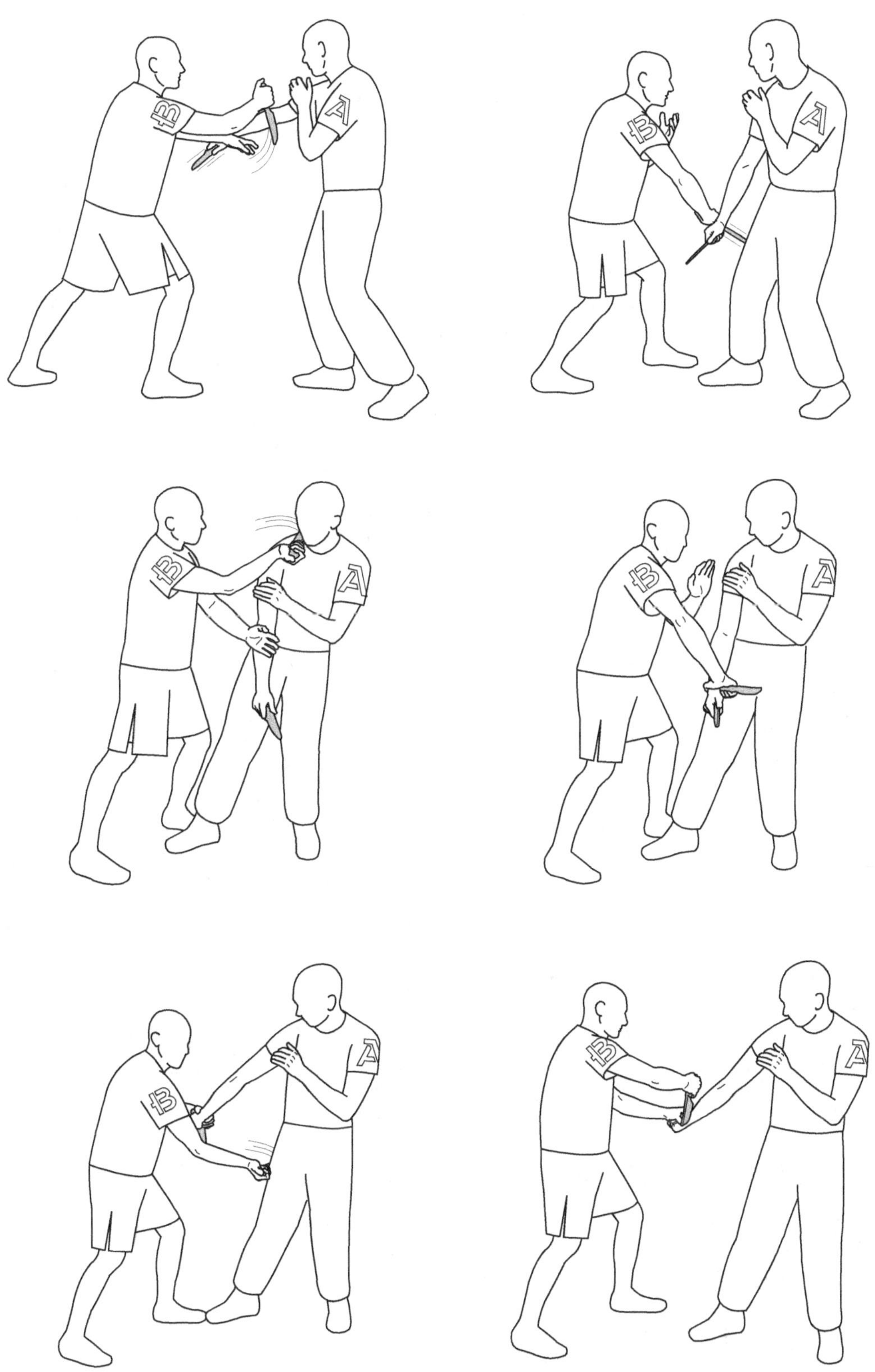

CONTRE ATTAQUE ANGLE 4

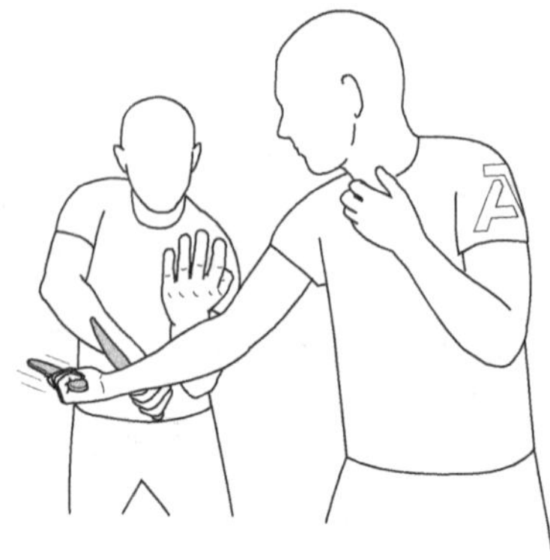

Distance Largo Mano

A (grip Marteau) sert une pique angle 4 à l'abdomen

B (grip Pic à Glace) bloque avec son avant-bras non armé, en achetant de la distance, et contre-attaque avec une coupe descendante à l'avant-bras armé de A

B revient avec une coupe remontante à l'avant-bras de A

B crochète le poignet de A avec le dos de sa lame et redirige le bras, puis check en mettant la pression vers le corps de A, bloquant le bras et libérant sa propre lame

B sert une coupe à la gorge

B récupère la main armée de A en prise briquet, puis provoque le désarmement par une coupe des tendons du poignet

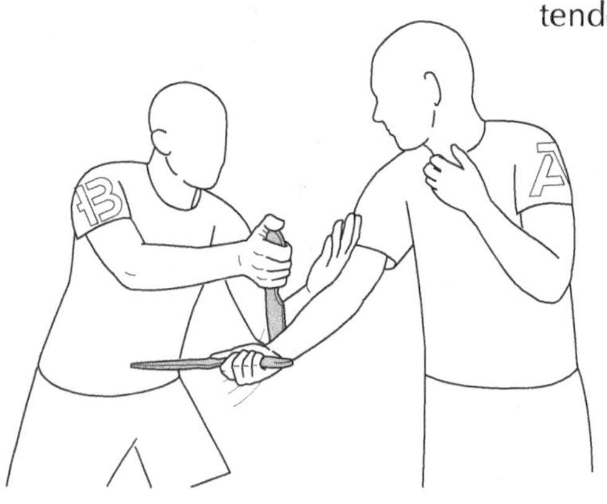

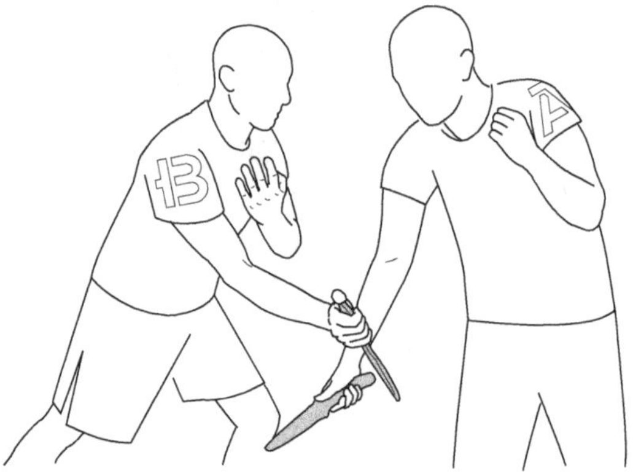

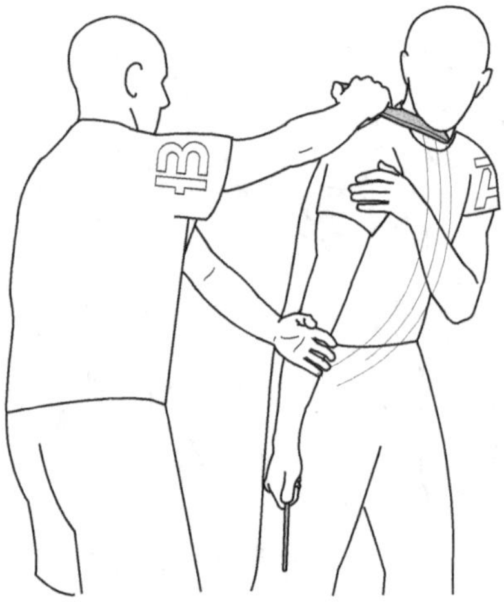

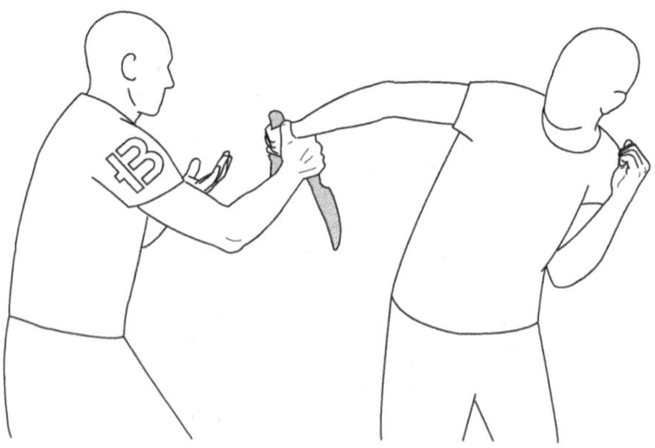

Contre Attaque Angle 2

Distance Largo Mano
A (grip Marteau) sert une pique angle 2 à la gorge
B (grip Pic à Glace) bloque avec son avant-bras non armé, en achetant de la distance, et contre-attaque avec une coupe remontante à l'avant-bras de A
B crochète l'avant-bras de A avec le dos de sa lame et redirige le bras vers le corps comme s'il servait une pique à la cuisse de A. Il échange son contrôle sur le bras avec une pression de son avant-bras non armé (libérant son arme)
B sert une coupe à la gorge
B récupère le poignet de A avec sa main armée pour l'amener à sa main non armée.
B provoque le désarmement par une coupe des tendons du poignet armé de A

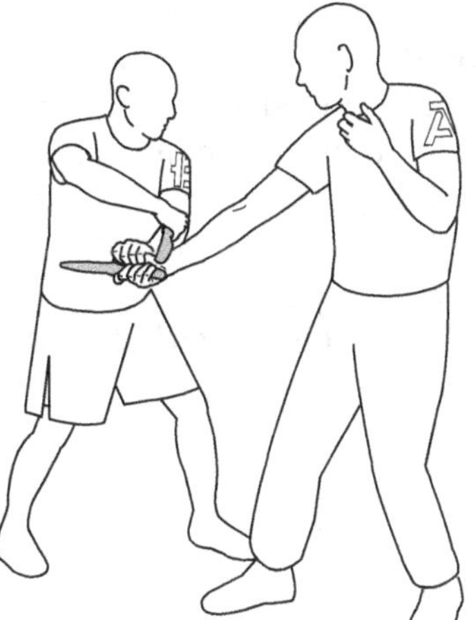

Contre Attaque Angle 5

Distance Largo Mano
A (grip Marteau) attaque avec une pique angle 5 à l'abdomen
B contre avec sa main non armée à l'intérieur ou à l'extérieur de la garde de A, tout en achetant de la distance
B sert une coupe à l'avant-bras de A
…

Sparring

Si on a privilégié les couteaux d'entraînement en aluminium dans les exercices précédents pour le contact réaliste du métal froid, ce même contact peut devenir vite très désagréable lors d'un sparring à pleine vitesse. On choisira donc pour ce genre d'échange de se munir de couteaux avec une âme en bois enrobée de mousse dense de type Nok. On prendra aussi la précaution de porter des lunettes de sécurité.

Enfin pour que l'exercice ait une valeur, chacun des participants doit l'aborder en conscience que les armes utilisées sont loin (fort heureusement) d'occasionner les dégâts qu'une vraie lame pourrait provoquer, et travailler en conséquence quand il se sent touché, et fonction de la zone touchée. Changer la main qui tient l'arme quand on est 'blessé' au bras armé est opportun. Servir des piques multiples à son adversaire quand on vient d'être franchement touché à la gorge… beaucoup moins.

Comme nous l'avons vu, on va d'abord veiller à se protéger en se déplaçant et en éloignant les cibles, dans l'attente d'une opportunité de pouvoir répliquer et toucher une zone incapacitante ou létale.

Celui qui est le moins blessé… gagne…

Mano-Mano, Espada y Daga...
Stick Fighting

EN GUISE DE CONCLUSION

Un affrontement couteau contre couteau n'est pas une configuration normale. Dans le cadre d'une agression à l'arme blanche, l'engagement se fera presque toujours avec un assaillant armé d'un couteau contre une personne mains nues, ne serait-ce que le temps de pouvoir mettre en œuvre de son côté une arme (journal, ceinture, sac, bout de bois...). Pourtant, dans une configuration mains nues contre couteau, la mécanique corporelle travaillée tout au long du chapitre précédent sera la même, bien que les dommages occasionnés par les ripostes seront moindres.

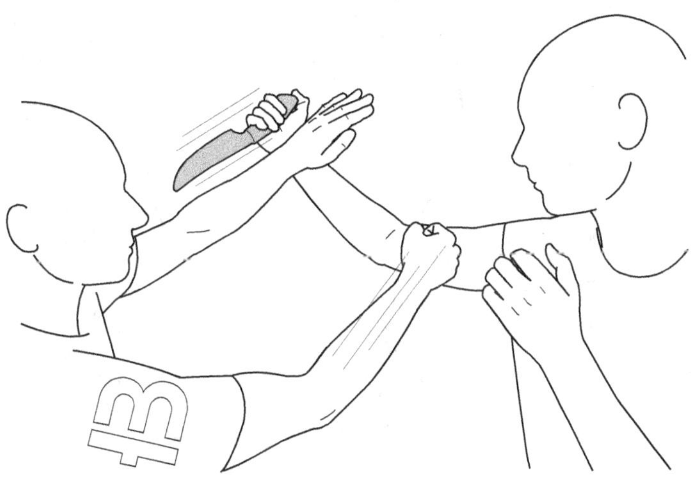

Cet ouvrage constitue, je l'espère, une solide introduction au travail du groupe Ahuapan Combat Eskrima et des Arts Martiaux Philippins en général. Mais il ne saurait couvrir la totalité de la richesse des techniques développées et enseignées. Dans la logique des AMP, il se présente comme l'acquisition des bases tout en offrant un matériel d'entraînement presque inépuisable.

Le travail du Solo Baston permet de prendre conscience des distances de combat, d'acquérir des angles de frappes corrects, de commencer à se déplacer tout en tenant compte de la présence d'une arme, tant dans sa propre main, que de celle de l'adversaire. Le Doble Baston complète cela avec la coordination des deux membres supérieurs, l'ambidextrie et une nouvelle perspective de la gestion de l'espace. La main vide avait commencé à s'animer avec le Check en Solo Baston, elle travaille maintenant complètement avec une arme en main. Et elle devient essentielle face au couteau, devant à la fois être protégée contre les coups de lame mais permettant aussi de contrôler et rediriger le bras armé de l'adversaire pour permettre l'opportunité d'une riposte.

Toutes ces qualités sont acquises pour le travail mains nues contre mains nues des AMP, Mano-Mano, qui découle de l'entraînement avec les armes. Elles constituent aussi les bases pour aborder les échanges mains nues contre armes, le travail avec deux armes de différentes longueurs comme l'épée et le couteau, Espada y Daga, ou encore le maniement du bâton long, le Sibat...

Ces pratiques viennent enrichir la palette technique de l'eskrimador et son appréhension des différentes situations qu'il peut être amené à rencontrer. Elles améliorent aussi sa compréhension et sa maîtrise des distances de combat, des déplacements, de sa coordination et de sa mécanique corporelle. Et, par un juste retour des choses, permettent donc de renforcer ses bases et son aisance au Solo Baston, Doble Baston et couteau, tout en apportant plus de variété aux entraînements et en gardant l'esprit stimulé.

Afin de mettre en avant les arts martiaux nationaux, le gouvernement philippin a, au milieu du XXe siècle, poussé au développement de leur forme sportive. Les échanges amicaux, ou beaucoup moins amicaux, entre maîtres ou pratiquants de deux villages se sont donc déplacés dans des stades et des gymnases. Des règles, des catégories et des protections spécifiques ont été instaurées. De nos jours, il existe non seulement un Championnat du Monde organisé par la World Eskrima Kali Arnis Federation, mais aussi des compétitions continentales, comme le Championnat d'Europe, ou nationales, comme la Coupe de France sous l'égide de la Fédération Française de Karaté.

En 2002, Thomas Roussel décrochait un titre de Champion du Monde, auquel il faut ajouter son triple titre de Champion d'Europe. Il met aujourd'hui sa compréhension des arts martiaux, et sa connaissance du Stick Fighting, au service du groupe Ahuapan Combat Eskrima qui compte plusieurs compétiteurs titrés lors des récentes compétitions mondiales et européennes.

GLOSSAIRE

Il existe des variations sur l'orthographe de certains termes, mais aussi parfois des variations de définition d'une école à une autre. Le glossaire proposé ci-dessous est établi afin de détailler les termes philippins ou anglais tels qu'ils sont utilisés dans cet ouvrage, et au sein du groupe Ahuapan Combat Eskrima.

Abaniko : frappe claquée par une rotation rapide du poignet.

Abecedario : les bases.

Abierta : la garde ouverte.

Arko : mouvement du rotation du poignet dans la frappe.

Arnis : terme désignant les AMP, voir aussi Eskrima et Kali.

Carenza : le shadow boxing de l'eskrima.

Check : vérifier/prendre contact avec sa main non armée.

Corto : distance courte.

Doble Baston : double bâtons.

Drill : exercice/enchaînement éducatif à deux.

Eskrima : terme désignant les AMP, voir aussi Arnis et Kali.

Espada y Daga : épée et dague, travail avec une arme longue et une arme courte.

Grip : prise en main.

Guro : instructeur.

Kali : terme désignant les AMP, voir aussi Arnis et Eskrima.

Kurbada : frappe circulaire.

Lobtik : frappe traversante.

Largo Mano : distance longue.

Medio Contrada : distance moyenne.

Numerado : système de numérotation des angles.

Olisi : bâton.

Panantukan : boxe philippine.

Punong Guro : chef instructeur.

Punyo : le bout arrière du bâton.

Redondo : frappe circulaire sur l'axe vertical, en revers.

Retirada Caballero : déplacement 'glissé', le demi-pas.

Retirada Ilustrisimo : déplacement 'marché', le pas.

Serrada : la garde fermée.

Sibat : bâton long.

Sinawali : Doble Baston.

Solo Baston : simple bâton.

Stick : bâton.

Witik : frappe rebondissante, sèche.

D'un commun accord, les auteurs de cet ouvrage ont pris la décision de renoncer à une part de leurs droits d'auteurs en faveur de l'archipel des Philippines et de sa population.

Il est donc confié mission à Hagane de réserver cette part et d'utiliser les fonds ainsi réunis afin de participer au financement d'actions humanitaires, culturelles ou sportives, en fonction de l'actualité, et des besoins.

REMERCIEMENTS

Un très grand merci à Romain Frola, pour sa disponibilité durant toute l'élaboration de cet ouvrage.

Un grand merci aussi à l'équipe des correcteurs, Léa, Anthony, Christian et Morgana pour leurs yeux acérés, leurs conseils et leur soutien.

Arts Martiaux Philippins en France

Vous trouverez ci-dessous une liste non exhaustive des experts, des professeurs et des passionnés qui, par leur engagement et leur travail, font vivre et rendent accessibles les Arts Martiaux Philippins en France — avec toutes nos excuses par avance à ceux que nous oublions de mentionner :

Michel Rozzi — Kali Filipino Eskrima (Paris) ;
Fabien Jolivel — Balintawak (Rouen) ;
Christophe Soulié — Lacoste-Inosanto Kali (Paris) ;
Stéphane Pourre — Lacoste-Inosanto Kali (Montgeron) ;
Eric Laulagnet — Pekiti Tirsia (Levallois-Perret) ;
Mitchell Tsia — Askal Hybrid Arnis (Villepinte) ;
Didier Garcia — FCS (Le Cannet) ;
Laurent Hittler — Modern Arnis (Montevrain) ;
Stéphane Fernandez — (Paris) ;
Pascal Gilles — Dog Brothers, Lacoste-Inosanto Kali (Achères) ;
Stéphane Valleix — FCS (Vallée de l'Hérault) ;
Lionel Froidure — Doblete Rapilon (Blagnac) ;
Michel Ochoa — Pekiti Tirsia (Issoire) ;
Olivier Jouanne — Pekiti Tirsia (Allanche) ;
Christophe verdot — Pekiti Tirsia (Manille) ;
Jean-Claude Calimoutou — Doce Pares (La Réunion) ;
Eric Cervel — Ahuapan Combat Eskrima (Nice) ;
Zoran Grozdanic — Cadena Serrada Kali Silat (Monaco) ;
Jonathan Nihoul — Lacoste-Inosanto Kali (Dol de Bretagne) ;
Karim Zarouk — Inayan System III Eskrima (Caen) ;
Alain Séry — Avci Escrima (Paris) ;
…
et bien sûr, Thomas Roussel — Ahuapan Combat Eskrima (Lyon).
Greg Silhol — Ahuapan Combat Eskrima (Montpellier).

www.ingramcontent.com/pod-product-compliance
Lightning Source LLC
Chambersburg PA
CBHW060156120726
48004CB00007B/1561